이 책을 먼저 체험해 보신
베타테스터들의 학습 후기

제가 10여 년 넘게 풀어왔던 문제집들은 개념의 나열과 문제의 반복이었고 이해도를 높이기 위한 요소는 거의 없었습니다. 그래서 여러 번 반복하여 개념을 익히게 하고 문제의 감 또한 잡을 수 있도록 하는 이 책의 흐름과 구성이 좋았습니다. 앞에서부터 차근차근 개념을 짚어주고 개념이 적용된 문제들을 여러 유형으로 제시해주는 방식이 개념을 익히는 데 있어서 굉장히 친절하다고 느꼈습니다.

– 주서희 님, 서울시 중구

소리 내어 읽으며 학습했습니다. 눈으로 읽는 것보다 조금 더 글에 집중을 하게 되더라구요. 아이가 쌤놀이를 처음에는 조금 부끄러워했는데, 시간이 지나면서 조금씩 말하듯 설명하면서 마무리했어요. 설명이 간단하고 쉬워서 처음 영문법을 접하는 아이가 이해하기 쉬워 학습에 도움이 많이 되는 것 같아요. 또한 늘 배우는 입장에만 있던 아이들이 그냥 읽고 이해하고 지나가는 것이 아니라, 자신의 말로 누군가에게 설명을 한다는 것이 참 좋았습니다. 이해를 하지 않으면 설명이 되지 않기에 아이들이 어느 부분을 이해하지 못했는지 확인이 가능하니까요. 처음 영문법을 만나는 아이에게도 부담스럽지 않고 재미있게 학습을 진행할 수 있었습니다.

– 류경진 님(초등 3학년 학부모님), 서울시 구로구

교재 내용도 좋고 학습자가 스스로 공부하기에 좋은 교재라고 생각합니다. 남자아이라 그런지 읽고 가르치듯이 하는 걸 많이 어색해했지만, 선생님처럼 가르치는 걸 즐거워하기도 했습니다. 엄마 아빠를 학생 다루

듯이 하더군요. 제스처도 하면서요. 영문법 공부만이 아니라 국어 공부도 되는 것 같았습니다.

– 도*희 님(초등 5학년 학부모님), 부산시 기장군

쌤놀이 활동을 하니 부모님이 좋아하셨다. 교재가 출간되면 이 책으로 계속 공부하고 싶다. 선생님의 낭독 MP3와 쌤놀이 샘플 동영상 설명이 있어서 좋았다. 영문법 만화책을 몇 번 읽은 게 다였는데, 베타테스트 학습을 하면서 많이 배우게 되었다.

– 최희수 님(초등 6학년 학생), 대구시 북구

내 것으로 만들어야 남에게도 알려줄 수 있다고 생각해 스스로 선생님이 되어 벽면에 대고 이야기했습니다. 베타테스트를 통해 '수 일치'를 확실하게 이해하게 되어 정말 좋았습니다. 어려웠던 부분이었는데 완전 해결되었습니다. 아주 쉽게 영어 문장을 만들 수 있게 풀어놓은 것 같습니다. 이번 베타테스트 덕분에 쓰기에서 더 자신감을 갖게 되었고, 말하기도 자신감이 더 생긴 것 같습니다.

– 최완순 님, 경기도 안산시

친근감 있는 어투로 바로 앞에서 설명해주는 듯한 느낌이 드는 책입니다. 이해하기 어려운 추상적인 개념을 가능한 한 풀어서 설명하려는 노력이 돋보이며, 질문을 먼저 던져 궁금증을 갖게 한 후 설명을 해나가는 방식이 아이의 학습 참여도를 높여주는 것 같습니다. 아이는 한글이 많아 부담감이 덜하고 설명이 딱딱하지 않고 친근한 어투라 설명이 쉽게 이해되어 재미있

다고 하네요. 영어학원보다 낫다고 합니다. 논리력과 분석력이 아직 부족한 아이들에게 기존의 영문법책은 정말 이해하기 힘들고 가장 공부하기 싫은 학습대상 1호라고 할 수 있습니다. 저희 아이의 경우, 6학년 겨울방학 때 유명하다고 하는 〈중1 영문법 **00제〉를 시작했는데, 책 구성이 딱딱하고 재미도 없고 설명이 빈약하여 이해하지 못한 채 문제만 기계식으로 푸는 것은 의미가 없다고 판단하여 중단시켰습니다. 반면 베타테스트로 진행한 이 책은 친근한 어법으로 아이에게 다가가 매우 자세한 설명을 통해 기초적이고 논리적인 사고를 하게 한 후 문제를 통해 재차 개념과 원리를 확인시켜주는 방식으로 자연스레 문법에 대한 개념과 규칙이 체득될 수 있도록 해주는 것 같습니다.

— 윤종호 님(중학 1학년 학부모님), 경기도 용인시

아이에게 괜찮은 책은 여러 번 보게 하는데 이번 책도 여러 번 계속 반복해서 봐야겠다는 생각을 했습니다. 샘플 교재만 받아보았지만 목차를 보니 관심이 더욱 갔습니다. 선생님 낭독 MP3를 들으면서 연필로 해당 부분을 짚어주며 밑줄을 그어가며 아이와 함께 읽었습니다. 이 책은 스스로 선생님이 되어 가르치는 부분이 차별화지만, 교재 내용도 쉽고 접근이 새로워 너무 좋았습니다. 이 책으로 영문법을 모두 떼고 싶은 심정입니다. 교재의 뒷부분 내용이 정말 궁금했습니다.

— 배미연 님(초등 4학년 학부모님), 경기도 수원시

문법과 관련한 단어의 뜻을 가능한 한 쉽게 설명하려고 한 점과 그것을 이해를 통한 문장의 구조, 형태의 파악 등을 정리하여 개념의 확립에 주목한 점이 좋았습니다. 많은 영어교재가 놓치고 있는 기본적인 문법의 내용을 가능한 한 쉽게, 저학년이 친구나 동생에게 설명하는 방식을 통하여, 학습자의 이해도를 스스로 확인하면서 심화학습이 가능하도록 구성하려는 노력이 좋습니다.

— 주재희 님, 경기도 안양시

영문법을 초등학교 3학년 아이에게 가르쳐야 할까, 너무 어려워 영어를 싫어하지 않을까 하는 생각 가운데 광고를 보고 신청했어요. 말을 만드는 규칙을 알면 아이가 좋아하는 영어를 조금이라도 더 잘 이해하지 않을까 하는 바람으로요. 영문법의 기초 개념을 아이들 눈높이에서 설명하려 애쓴 모습이 느껴졌고, 아이도 나름 흥미를 느낀 듯해요.

— 노태권 님(초등 3학년 노소정 학생 학부모님), 서울시 관악구

정리가 단순하게 되어 있어 편했고, 한국말로 정리를 하고 한국말로 문장을 분석한 후 영어로 만들 수 있어서 좋았습니다. 실제로 동사, 명사, 형용사, 부사가 어학원 교재에 설명이 없는 경우가 많은데, 무조건 문장을 만들라 하니 고학년 친구들은 해를 넘겨갈수록 영어를 어려워하고 포기하는 친구가 많아서 아쉬웠거든요. 그런 친구들에게 추천해 주면 너무 좋을 것 같고, MP3와 동영상으로 보면서 공부할 수 있어 혼자 공부하는 아이와 부모님들께 도움이 많이 될 것 같습니다. 이 책에서 가장 마음에 들었던 부분은 꼼꼼한 해설과 문장의 스트럭처를 세우는 설명 방식이었습니다. 제가 사용했던 문법책 중에 가장 기본이 탄탄하게 정리가 잘 되어 있고, 품사 정리도 너무 잘 되어 있습니다.

— Emily Nam 선생님(** 어학원), 경기도 부천시

후기에 수록되지 않은 분들을 비롯하여 〈쌤놀이 개념 영문법〉 베타테스트에 참여해 주신 모든 분들께 진심으로 감사의 말씀을 전합니다. — 사람in 편집부 드림

Open your mouth wide, and I will fill it with good things.

Psalms 81:10

MⱯH놀이
▶ 개념 영문법 1

저자

심재원

경영학을 전공하고 대기업 입사 후 배우기 시작한 컴퓨터에 매료되어 미국 유학을 떠나 Western Illinois 주립대학에서 전산학으로 석사 학위를 받았다. 미국에서 직장생활을 하던 중 한 영어 세미나에서 'Oral Reading Drill'을 접하게 됐다. 귀국 후, IT와 영어 교육을 접목한 사업 분야에서 한국 영어 교육의 현실적 대안을 제시해 보고자 노력하고 있다. 그런 노력의 일환으로「영어 낭독 훈련에 답이 있다」(공저),「영어 낭독 훈련 감동·지식 에피소드」,「영어 리듬 훈련」,「영어 회화 훈련 실천다이어리 1, 2」,「비즈니스 영어회화 표현 훈련 1」,「비즈니스 영어 제가 하겠습니다!」를 출간했다. 국립외교원 고위공직자 글로벌 리더십 과정에서 영어 낭독 훈련을 강의했고, KBS 굿모닝팝스에 영어 팁도 연재했다. 현재는 영어 문법, 어휘, 독해 분야에서 학생들에게 실질적인 도움을 줄 수 있는 영어 교육 콘텐츠 개발에 힘쓰고 있다. 영어 문법 교육의 새로운 시도로 '스스로 설명해보기 학습법'을 통해 '문법 개념 깨우치기'를 실천에 옮길 수 있는「쌤놀이 개념 영문법 1, 2, 3권」은 그 첫 결실이다.

양지원

어릴 때부터 잘하고 싶은 게 많았다. 발레리나도 되고 싶었고, 성우도 되고 싶었다. 커피 전문가와 서양요리 셰프도 꿈꿔봤다. 그러다 하나님과 영어를 만났다. 십여 년 이상 초등 영어를 가르친 일이 제일 오래한 일이 되었다. 아이들에게 영어 성경을 읽어줄 때 그 똘망똘망한 눈이 지금도 제일 보기 좋다. 사립초와 공립초 아이들의 영어 격차를 현장에서 매일 겪으면서 초등 영어 교육의 중요성에 대해 기회가 있을 때마다 열변을 토한다. 영어는 가랑비에 옷 젖듯 쌓아줘야 하는데 꾸준함 이외에는 답이 없다고 믿는다. '선생님 놀이 학습법'을 시범해 보이고 아이들을 응원하면서 발표식·수행평가 중심 수업으로 변하는 교육 환경에 발맞추고 있다. (닉네임: 불쏘시개 소피쌤)

쌤놀이 개념 영문법 1

저자 심재원 · 양지원
초판 1쇄 인쇄 2019년 5월 10일   **초판 1쇄 발행** 2019년 5월 20일

발행인 박효상   **총괄 이사** 이종선   **편집장** 김현   **기획 · 편집** 신은실, 김희정, 김설아   **디자인** 이연진
표지, 내지 디자인 · 조판 the PAGE 박성미   **삽화** 하랑 전수정
마케팅 이태호, 이전희   **관리** 김태옥   **종이** 월드페이퍼   **인쇄 · 제본** 현문자현   **녹음** YR미디어

출판등록 제10-1835호   **발행처** 사람in
주소 04034 서울시 마포구 양화로 11길 14-10 (서교동) 3F
전화 02) 338-3555(代)   **팩스** 02) 338-3545   **E-mail** saramin@netsgo.com
Homepage www.saramin.com
책값은 뒤표지에 있습니다. 파본은 바꾸어 드립니다.

ⓒ 심재원 · 양지원 2019

ISBN
978-89-6049-777-1 64740
978-89-6049-776-4 (set)

어린이제품안전특별법에 의한 제품표시	
제조자명 사람in **제조국명** 대한민국 **사용연령** 5세 이상 어린이 제품	**전화번호** 02-338-3555 **주 소** 서울시 마포구 양화로 11길 14-10 3층

사람이 중심이 되는 세상, 세상과 소통하는 책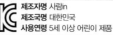

MM놀이 개념 영문법

품사 · 문장성분 · 문장형식 개념

1

사람in
saram
in.com

머리말

"우리 아이가 영어를 언제 제일 잘해야 할까요?"
초중고생들에게 영어를 가르치면서 학부모님께 이 질문을 항상 드립니다. 가장 현실적인 답은, '고등 영어와 취업영어에서 제일 잘해야 한다'일 거예요. 고교 영어 1등급이 취업 영어 고득점의 발판이므로 고교 영어가 1순위가 돼요. 결론적으로 "잘하려면 고등학교 가서 제일 잘해야 한다!"는 거예요.

우리 아이들이 영어 공부를 이것저것 많이 해요. 여유가 되면 영어 유치원, 어학연수, 원어민 과외 등 영어를 위해 적잖은 투자도 마다하지 않죠. 그런데 노력 대비 성과, 요즘말로 '가성비' 측면에서 '고교 내신영어/수능영어 1등급'이 안 나오면 허탈한 상황이 돼버려요. 중3 때까지 90점 이하 점수를 받아본 적이 없는 아이가 고등학교 영어 시험에서 황당한 점수를 받아오곤 하는데, 그 이유는 중학교 학습과 고등학교 학습의 핵심적 차이를 잘 몰라서 그래요.

그럼 중등과 고등 학습의 핵심적 차이는 뭘까요? 가장 본질적인 차이는 '학습 분량'의 차이에요. 영어만 놓고 봐도 중간고사나 기말고사의 1회 시험 범위가 중3 교과서 전체 지문 분량보다 많아요. 공부해야 할 분량이 열 배 정도로 수직상승 해버려요. 이런 경우 공부를 어떻게 해야 할까요? 중학교 때처럼 어떻게든 몽땅 외워버리면 해결이 될까요?

완성해야 할 분량이 압도적으로 많을 때 과연 해결책이 뭘까요? 수능 시험에는 국어든 영어든 시험 범위가 없어요. 고3 때까지 배운 것 전체를 바탕으로, 난생 처음 보는 지문들을 빠르고 정확하게 이해하고 문제를 풀어야 해요. 사실 이게 공부의 본질이자 우리가 공부를 하는 이유죠. 시험 출제자가 학생들에게 테스트하고 싶은 핵심은 이거예요.
"네가 생전 처음 겪는 상황을 헤쳐 나갈 능력이 있느냐?"

문법 공부는 개념을 깨우치는 것이고, 개념을 깨우쳤다는 말은 생전 처음 겪는 상황을 헤쳐 나갈 수 있는 힘을 얻는다는 의미예요. 생전 처음 보는 어떤 문장이라도 단어만 알면 분석이 가능한 능력을 꼭 갖춰야 해요. 그래야 압도적인 지문 분량을 너끈히 감당하며 고교 영어 1등급을 기대할 수 있게 돼요.

자녀가 아직 초등학생이라면 고등학교 영어에서 제일 잘해야 한다는 얘기는 좀 멀게 느껴질 수도 있어요. 실제로는 세월이 어떻게 지나갔는지 모르게 금방 닥치지만, 사태의 심각성이 아직은 수면 아래에 있지요. 그러니 잠깐 이런 장면을 한번 떠올려볼까요? 친구와 함께 공부 중인 우리 아이가 그 친구를 이렇게 가르쳐 주는 거예요. "야, 이 문장에서 동사는 이거잖아. 움직임을 나타내든 연결을 해주든 문장에는 동사가 있어야 해. 그리고 이 동사 뒤에는 동작에 대한 대상으로 목적어도 필요해. 그래서 이 자리에 대명사를 쓰면 목적격을 써줘야 하는 거야......"

아이가 이렇게 개념 설명을 잘하는 모습을 보면 뿌듯하고 기특하겠지요? 그동안 노력한 보람도 느껴지고 부모로서 우쭐한 기분도 들 것 같아요. 그런데 만약에 이 장면이 거꾸로라면 어떨까요? 그

러니까 우리 아이가 친구로부터 가르침을 받고 있는 걸 보았다면 어떤 느낌이 들까요? 속에서 천불까지는 아니더라도 약간 불편해지면서 얼굴이 화끈거릴지도 몰라요. "저 녀석은 몇 번을 배웠는데 아직도 저 모양이냐?"라면서요.

그런데 더 큰 문제는, 초등 고학년부터 확실히 나타나기 시작하는 아이들 간의 실력 차이예요. 한번 실력 차이가 벌어지면 좀처럼 따라잡기가 쉽지 않아요. 앞서가는 아이들은 대부분 중간에 주춤하는 일 없이 꾸준히 실력을 쌓아나가니까요. 뒤늦게 따라잡으려면 정말 열심히 노력해야 하고, 그렇지 않으면 실력 차이는 점점 더 커지게 돼요.

학년도 올라가고 본격적인 영어 학습 모드로 가야겠는데, 거의 예외 없이 문법이 말썽이에요. 학원도 크게 도움이 되는 것 같지 않고, '과외를 붙여야 되나, 아니면 아예 내가 붙잡고 가르쳐야 하나' 이런저런 고민에 머리가 아프죠. 실제 많은 아이들이 문법을 많이 힘들어해요. 초등 저학년 때는 영어를 재미있어하고 영어 동화책도 곧잘 읽곤 했는데, 문법 실력이 필요할 때쯤부터 영어에 흥미를 잃는 모습을 자주 보게 돼요. 독해와 서술형(영작)의 비중이 큰 중ㆍ고등 영어의 기초는 문법 실력인데, 그런 경향이 단기간 내에 바뀔 것 같지도 않아요. 그래서 문법을 그냥 놔버릴 수도 없는 게 현실이에요.

「쌤놀이 개념 영문법」은 개인적인 안타까움과 책임감으로 탄생했어요. 만날 그 자리를 맴도는 도돌이표 문법 공부에 빠진 아이들을 바라보는 게 안타깝고, 그런 현실에 대해 선생님이라 불리는 나 자신은 어떤 대안을 제시할 수 있을까 하는 책임감이 들었어요.

문법은 사실 수학에 가까워요. 고등 수학 수준까지는 아니더라도 개념 학습이 필수적이에요. '자연스런 문법 습득'이란 말처럼 공허한 말도 없는 것 같아요. 연립이차부등식이 시간이 지나면 자연스럽게 풀리던가요? 문법은 독해와 작문을 위한 '도구'인데, 만약 자동차 수리 기사가 공구 이름만 대충 알고 제대로 사용할 줄을 모르면 어떻게 차를 고치겠어요?

이제는 '더'가 아니라 '다르게' 문법 공부를 해야 해요. 문법은 처음부터 개념을 잘 잡아야 하는데, 개념 학습의 가장 효율적인 방법은 '설명해보기'식 공부법이랍니다. 이 설명해보기 공부법을 구체적으로 실천하도록 제작된 교재가 바로 「쌤놀이 개념 영문법」이에요. '설명해보기'라는 도구를 가지고 '가르치는 놀이'를 통해 개념을 완전히 자기 것으로 만들어야 해요.

교실에서 제일 많이 배우는 사람은 가르치는 사람 자신이라고 하지 않던가요? 교육 환경이 토론ㆍ발표식, 프로젝트 중심 수업으로 급변하고 있는 요즘, 「쌤놀이 개념 영문법」이 우리 아이 공부의 한 전환점이 되기를 소망해봅니다.

- 저자 심재원ㆍ양지원

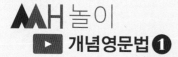
개념영문법 ❶

공부 잘하는 진짜 비결, 선생님 놀이
– 문법을 지도하시는 분들께

어떻게 공부하는 게 가장 효과적일까요?

문법 공부, 한 걸음 더 들어가 보겠어요. 다음 퀴즈를 한번 풀어볼까요?

 그룹 A는 학습한 내용을 반복적으로 읽게 했고, 그룹 B는 학습한 내용에 대해 시험을 봤어요. 일주일 후 어느 그룹이 더 많은 내용을 기억하고 있을까요?

 그룹 C는 학습한 내용에 대해 나중에 시험을 볼 거라고 안내를 받았고, 그룹 D는 학습한 내용을 다른 사람들에게 가르쳐야 한다고 안내를 받았어요. 실제로는 실험 끝에 두 그룹 모두 시험만 봤어요. 테스트 결과 어느 그룹의 성적이 더 좋았을까요?

먼저 Quiz 1부터 살펴보면, 결론은 시험을 본 그룹이 더 많은 내용을 기억하고 있었어요. 우리가 뭔가를 장기 기억하려면 '반복'은 필수 과정이에요. 여러 번 반복해야 자기 것으로 체화가 돼요. 하지만 무조건 반복만이 최선은 아니에요. 왜냐하면 단순 반복은 착각을 일으키기 때문이에요. 실제로는 잘 모르지만 익숙하니까 잘 안다고 착각을 하게 만들어요. 내가 뭘 알고 뭘 모르는지 '인출해보는 수고'가 없으면 배움은 일어나지 않아요. 가장 일반적인 인출 방법이 '시험'이죠. 이를 인지심리학에서 '시험 효과(Testing Effect)'라고 해요. 점수와 석차에 대한 과도한 경쟁만 없다면 '시험보기'는 아주 좋은 학습 도구랍니다.

이제 Quiz 2를 살펴볼까요?

미국 세인트루이스 워싱턴 대학에서 퀴즈 내용 그대로 실험을 했어요. 결과는, 배운 걸 가르쳐야 한다고 안내 받았던 그룹 D의 성적이 더 좋았어요. 가르쳐야 한다는 목적이 학생들에게 더 큰 자극이 되었던 거예요. 연구팀은 한발 더 나아가 이렇게 결론을 내렸어요.

"가르치는 데 초보인 학생들이 누군가를 가르쳐야 한다는 생각만으로도 학습 성과를 향상시킬 수 있었다. 학습 전 학생이 어떤 마음가짐을 가지느냐에 따라 학습 능률이 달라진다. 안타까운 것은 학생들이 이미 이러한 능력을 가졌는데도 그 능력을 활용하지 않는다는 것이다."

학습 효율성 피라미드

누군가를 가르친 경험이 있다면 "가르치는 사람이 제일 많이 배운다."는 말에 전적으로 동의할 거예요. 인지심리학에서는 이를 '제자 효과(Protégé Effect)'라고 불러요.

이렇게 '가르치기 활동'이 '시험보기'보다 더 나은 학습 도구임을 알 수 있어요. 좀 더 널리 알려진 연구로, 아래 〈학습 효율성 피라미드〉가 있어요. EBS 다큐프라임 '왜 우리는 대학에 가는가?'에서도 잘 소개가 됐는데요, 5부 '말문을 터라' 편에서 실험이 하나 나와요. 한 그룹은 학습 내용을 독서실처럼 '조용한 방'에서 공부를 했고, 다른 그룹은 서로에게 설명하며 왁자지껄한 '말하는 방'에서 공부를 했어요. 나중에 시험을 본 결과 '말하는 공부방' 그룹의 점수가 월등히 높게 나왔어요.

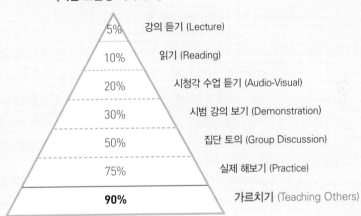

[학습 효율성 피라미드]

- 5% 강의 듣기 (Lecture)
- 10% 읽기 (Reading)
- 20% 시청각 수업 듣기 (Audio-Visual)
- 30% 시범 강의 보기 (Demonstration)
- 50% 집단 토의 (Group Discussion)
- 75% 실제 해보기 (Practice)
- **90% 가르치기** (Teaching Others)

위 결과처럼 남을 가르치든, 스스로를 가르치든 학습 내용을 말로 설명하는 방식이 학습 효과가 가장 높게 나타났어요. 실제로 설명을 해보면 자기가 아는 것과 모르는 것의 구분이 명확해져요. 가르치기(설명하기) 공부법은 학습 초기부터 기억하는 방식이 달라요. 처음부터 학습 내용의 짜임새(포인트)를 먼저 세우려고 노력하게 돼요. 그래서 자기가 알고 있는 지식 사이의 '원인−결과' 관계가 잘 정리되는 거예요.

강의를 '열심히 들으면' 실력이 향상될까요?

위의 〈학습 효율성 피라미드〉에서 확인할 수 있는 의외의 사실은 '강의 듣기'가 제일 효율성이 떨어진다는 거예요. 이런 현상은 MIT 대학에서 진행한 실험에서도 검증이 되었어요. 우리 뇌의 교감신경계 전자파동에 대한 실험을 했는데, 사람이 집중, 각성, 긴장 상태일 때 뇌의 교감신경계가 활성화된다고 해요. 실험 집단의 뇌파를 일주일 내내 측정해봤더니, 심지어는 수면 중에도 꿈을 꾸면 교감신경계가 활성화됐어요. 그런데 학생의 뇌파가 거의 활동을 멈춘 두 가지 상황이 있었어요. 바로

공부 잘하는 진짜 비결, 선생님 놀이
– 문법을 지도하시는 분들께

TV를 시청할 때와 강의를 들을 때였어요. 그냥 앉아서 듣고 보고만 있을 때는 우리 뇌가 작동을 거의 멈춘다는 얘기예요.

자, 그럼 지금까지 말한 내용이 문법 공부와 도대체 무슨 관련이 있을까요?
혹시 '도돌이표 문법 공부'라는 말 들어봤지요? 마치 음악의 도돌이표처럼 몇 번이나 반복해서 가르쳤는데 아이 문법 실력은 만날 그 자리라는 말이에요. 사실 영어 공부에서 문법 파트만큼 강사의 현란한 말솜씨가 돋보이는 수업이 없어요. 그래서 좋은 선생님을 찾아 여기저기 기웃거리는 경우가 많아요. 그런데 이런 상식을 깨는 실험이 하나 더 있어요.

가르치는 방식이 다른 두 강사로 실험을 했어요. 한 강사는 청산유수로 재미있게 수업을 했고, 다른 강사는 말도 더듬고 그냥 노트만 보고 읽었어요. 강의 후 학생들에게 설문조사를 했어요. 당연히 잘 가르치는 강사가 좋은 평가를 받았어요. 유창한 강의를 들은 학생들은 더 많이 배웠다고 응답했고, 시험 점수도 상대 그룹보다 높을 거라 예상했어요. 그런데 실제 시험 결과, 두 집단 간의 차이가 별로 없었어요. 선생님이 잘 가르치든 못 가르치든 학습 성과에는 별 차이가 없더라는 얘기예요.

심지어 유창하고 화려한 수업이 오히려 아이에게 독이 될 수도 있어요. 그런 수업이 학생을 계속 착각하게 만들 수 있기 때문이에요. 실제로는 잘 모르는데 이해했다고 착각을 하게 되는 거예요. 결국 자신의 문제가 뭔지 깨닫는 걸 막아버리는 셈이에요. 결론은 가만히 앉아서 수업만 듣는 방식으로는 실력이 늘지 않는다는 거예요. 학교 수업, 학원 수업, 거기에다 인터넷 강의까지 열정적으로 들은 학생은 말 그대로 그냥 열심히 '듣기만' 했던 거예요.

문법 공부는 '반드시' 필요해요!

문법 공부가 필요 없다고 하는 주장이 있어요. 우리가 문법을 안 배웠어도 한국말을 얼마나 잘하냐고 하면서요. 또 영어는 어릴 때부터 자연스럽게 배우면 된다고 문법 학습을 부정하는 경우도 있어요. 하지만 우리가 우리말 문법을 안 배운 게 아니에요. 온통 한국어로 둘러싸인 환경에서 모국어인 한국어를 비자발적으로 자연스럽게 습득했어요. 수많은 시행착오를 무의식적으로 겪으면서 문법 능력을 체득하는 과정이 분명히 있었어요.

그런데 영어는 여전히 우리에게 '외국어'예요. 한국에서 온종일 영어로 둘러싸일 일도 없고, 영어를 쓸 기회는 굉장히 제한적이에요. 게다가 우리에게 보다 필요한 영어 능력은 문해력(독해력)이에요. 상황에 따라 영어 스피킹이 필요한 때가 있어요. 하지만 현실적으로 더 절실한 필요는, 영어로 된

고급 정보를 빠르고 정확하게 획득하는 것이에요. 그런 문해력의 습득을 위해서는 영어 독서와 더불어 탄탄한 '어휘력'과 '문법 실력'이 반드시 함께 갖춰져야 해요.

그러므로 문법 공부를 왜 하느냐는 질문은 사실 불필요해요. 우리가 더 깊이 고민해야 할 질문은 문법 공부를 도대체 어떻게 해야 하느냐예요. 어떻게 해야 이 '도돌이표 문법 공부'를 벗어날 수 있을까요? 그래서 탄생한 것이 「쌤놀이 개념 영문법」이에요.

문법 공부는 한마디로 '깨닫는' 거예요. 마치 수학의 개념 학습과 같아요. '개념이 있다, 개념을 안다'란 말은 단지 개념의 정의를 알고 있는 것만이 아니에요. 만약 자동차 정비 기사가 공구 이름만 알고 쓸 줄 모르면 어떻게 차를 고치겠어요? 그래서 개념을 안다는 것은 그 개념이 필요한 상황에서 능숙하게 사용하는 것까지를 포함해요.
이렇게 개념을 알게 해주는 학습법은 '설명해보기'가 가장 효과적이에요.

더 하려 하지 말고 '다르게' 해야 해요!

"세상에는 두 종류의 지식이 있다고 해요. 첫째는 익숙한 것 같은데 설명할 수 없는 지식이에요. 둘째는 잘 알고 있으면서 남에게 설명까지 할 수 있는 지식이에요. 스스로 설명할 수 있는 이 지식이 진짜 지식이며 내가 실제 써먹을 수 있는 지식이에요."
　　　　　　　　　　　　　　　　　　　　　　　　　　　　　　　－「지혜의 심리학」 저자, 김경일 교수

EBS 다큐 〈0.1%의 비밀〉에서 전국 석차 0.1%에 드는 학생은 이 '설명하기 활동'을 평범한 학생보다 훨씬 많이 했어요. 엄마 앞에서 '선생님 놀이'를 하던 전교 1등도 있었어요.

형용사, 부사가 뭔지, 목적어가 뭔지, 관계대명사가 뭔지 그 개념을 이해하고 어떻게 써먹는 건지 깨달으면 두 번 공부할 필요가 없어요. 이렇게 문법 개념을 깨달은 후 이해한 규칙과 용법의 적용 연습을 지속하면 지식정보사회가 요구하는 '고급 문해력'을 갖출 수 있어요. 도돌이표 문법 공부는 이제 끝을 내야 해요.

그런데 보통 이런 사실을 깨닫게 되면 부모님들의 마음이 급해져요. 당장 아이에게 이거 설명해봐 저거 설명해봐 하면서 다그칠 가능성이 커요. 하지만 뭘 하더라도 단계가 필요해요. 그동안 아이들은 객관식 문제 풀이가 공부라고 생각했을 거예요. 문제를 어떻게 풀든 답만 맞춰서 통과하면 그게 전부라고 여겼을 거예요. 그런데 갑자기 설명하기를 요구하면 주눅이 들거나 귀찮다고 아예 거부를 할 수도 있어요.

공부 잘하는 진짜 비결, 선생님 놀이
– 문법을 지도하시는 분들께

이런 현실적인 문제에 대한 고민을 거쳐 「쌤놀이 개념 영문법」이 탄생했어요. 아이들은 먼저 시범삼아 해보는 과정이 있어야 해요. 소위 가지고 놀아보면서 '아, 이렇게 하는구나.'하고 구체적으로 경험을 해봐야 해요. 〈쌤놀이 Action〉을 통해 영문법 원리를 선생님이 된 것처럼 가르쳐보는 단계가 필요해요. 그렇게 '개념 설명하기'를 안전한 환경에서 연습해본 후에, 본격적으로 '스스로 설명해보기'에 도전해볼 수 있어요.

그렇게 되면 이 '선생님 놀이 학습법'을 다른 과목에도 응용해볼 수도 있어요. 수학, 과학, 사회에도 수많은 '개념'들이 등장하거든요. '선생님 놀이'는 학생 스스로의 활동이 강조되는 시대적 추세에도 맞아요. 학생들이 더 이상 지식을 주입받는 대상이 아니라 지식을 습득하는 주체가 되어야 해요.

다행히 요즘 새로운 변화들이 시도되고 있어요. 거꾸로 수업(Flipped Learning)이 확산되고 있고, 객관식 시험이 폐지되고 서술형·수행평가 위주로 교육이 재편성되고 있어요. '선생님 놀이 학습법'은 그런 교육 환경 변화에 보다 적극적으로 대처할 수 있는 공부법이에요. 선행학습으로 소위 몇 번을 돌렸다고 해도 자기 것으로 만들지 못하면 모두 헛일이에요. 막연히 알고 있다는 착각만 일으키기 쉬워요. 이런 공부는 '더 많이' 한다고 달라지지 않아요.

이제는 '가르치기(설명하기) 공부법'으로 '다르게' 공부해야 해요. 「쌤놀이 개념 영문법」으로 그것을 구체적으로 실천해볼 수 있어요. 누구에게나 똑같이 하루에 24시간이 주어져요. 현재의 시간을 어떻게 쓰느냐에 따라 다른 미래를 만들 수 있어요. 실천하는 사람은 반드시 성공해요. 왜냐하면 그게 진리이기 때문이에요.

"설명할 수 없으면 아는 것이 아니다."

"If you can't explain it simply,
you don't understand it well enough."

– Albert Einstein

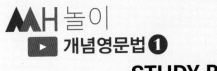

STUDY PLAN

저학년이거나 문법 공부가 처음인 경우라면 천천히 32일 플랜으로,
문법 공부를 해본 적이 있거나 고학년인 경우라면, 좀 더 빠르게 16일 만에 완성하는 플랜으로
꾸준히 공부해 보세요.
1권을 마치면 바로 2권을 진행해 보세요.

한 단원의 구성			
첫째날 배움		둘째날 익힘	
1단계	단원 도입부	4단계	익힘문제
2단계	쌤놀이 Action ❶	5단계	쌤놀이 Action ❹
	쌤놀이 Action ❷		익힘문제 풀이
	쌤놀이 Action ❸		
3단계	쌤놀이 확인문제	6단계	조금 더 알아봐요!

★ 나는 천천히 할래요! 32일 완성 PLAN

DAY	학습 내용		분량	체크	DAY	학습 내용		분량	체크
01	1단원	첫째날 배움	6쪽	☐	17	9단원	첫째날 배움	6쪽	☐
02		둘째날 익힘	5쪽	☐	18		둘째날 익힘	5쪽	☐
03	2단원	첫째날 배움	6쪽	☐	19	10단원	첫째날 배움	6쪽	☐
04		둘째날 익힘	5쪽	☐	20		둘째날 익힘	5쪽	☐
05	3단원	첫째날 배움	6쪽	☐	21	11단원	첫째날 배움	6쪽	☐
06		둘째날 익힘	7쪽	☐	22		둘째날 익힘	5쪽	☐
07	4단원	첫째날 배움	6쪽	☐	23	12단원	첫째날 배움	6쪽	☐
08		둘째날 익힘	5쪽	☐	24		둘째날 익힘	5쪽	☐
09	5단원	첫째날 배움	6쪽	☐	25	13단원	첫째날 배움	6쪽	☐
10		둘째날 익힘	5쪽	☐	26		둘째날 익힘	5쪽	☐
11	6단원	첫째날 배움	6쪽	☐	27	14단원	첫째날 배움	6쪽	☐
12		둘째날 익힘	7쪽	☐	28		둘째날 익힘	5쪽	☐
13	7단원	첫째날 배움	6쪽	☐	29	15단원	첫째날 배움	6쪽	☐
14		둘째날 익힘	5쪽	☐	30		둘째날 익힘	5쪽	☐
15	8단원	첫째날 배움	6쪽	☐	31	16단원	첫째날 배움	6쪽	☐
16		둘째날 익힘	5쪽	☐	32		둘째날 익힘	5쪽	☐

★ 나는 빨리 끝낼래요! 16일 완성 PLAN

DAY	학습 내용	분량	체크	DAY	학습 내용	분량	체크
01	1단원 전체	11쪽	☐	09	9단원 전체	11쪽	☐
02	2단원 전체	11쪽	☐	10	10단원 전체	11쪽	☐
03	3단원 전체	13쪽	☐	11	11단원 전체	11쪽	☐
04	4단원 전체	11쪽	☐	12	12단원 전체	11쪽	☐
05	5단원 전체	11쪽	☐	13	13단원 전체	11쪽	☐
06	6단원 전체	13쪽	☐	14	14단원 전체	11쪽	☐
07	7단원 전체	11쪽	☐	15	15단원 전체	11쪽	☐
08	8단원 전체	11쪽	☐	16	16단원 전체	11쪽	☐

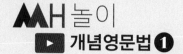

이 책의 구성과 활용

★ 문법의 기초 개념 생각해보기 [쌤놀이 준비운동]

1권의 1단원을 시작하기 전에 앞으로 배울 문법이란 게 뭔지, 문법을 잘하려면 어떻게 해야 하는지 먼저 생각해보는 부분이에요. 문법에 대한 아주아주 기초적인 개념을 잡아줘요.

▶ 선생님이 천천히 낭독해주는 MP3 파일 제공

★ 1단계. 개념 맛보기 [각 단원 도입부]

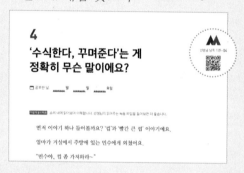

각 단원의 쌤놀이에서 배울 내용을 쉬운 말로 풀어서 소개해줘요. 이전 단원에서 배웠던 관련 내용도 다시 한번 짚어줘요. 혼자서 읽고 이해하기가 힘들면 선생님이 읽어주는 녹음 파일을 같이 들으면서 읽어 보세요.

▶ 선생님이 내용을 읽어주는 낭독 MP3 제공

★ 2단계. 개념 이해하고 쌤놀이로 설명해보기 [쌤놀이 Action ❶ ❷ ❸]

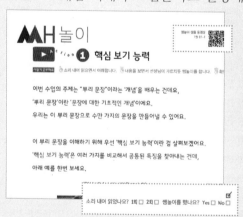

이번 단원에서 배울 핵심 개념을 세 부분으로 나눠서 정리해놨어요. 소리 내어 읽어보며 내용을 이해해보고, 가르치듯이 설명해보는 '쌤놀이' 활동으로 이해한 내용을 확인해요. 인형을 앞에 놓고 설명해봐도 좋아요. 쌤놀이를 어떻게 해야 할지 잘 모르겠으면 샘플 동영상을 참고해 보세요. 쌤놀이를 했는지 체크합니다.

▶ 1, 2단원―실제 초등학생들이 촬영한 쌤놀이 샘플 동영상 제공

★ 3단계. 빈칸 채우기로 개념 확인하기 [쌤놀이 확인문제]

쌤H 놀이 확인문제 ✅
> ✍️쌤놀이 내용을 떠올리며 빈칸을 채워봅니다. ✍️쌤놀이 내용을 참고해도 됩니다. ✍️답 확인 후 소리 내어

빈칸에 들어갈 알맞은 말을 써보세요.
1 우리가 의사소통을 할 때 문자 언어를 많이 써요.
　문자 언어의 기본 단위는 ① ◻️◻️◻️ 인데요.
　문법은 이 ② ◻️◻️◻️ 을 이해하고 제대로 만드는 법을 말해요.

각 단원의 쌤놀이에서 배운 문법 개념을 빈칸 채우기를 하면서 정리해봐요. 외워서 쓰는 게 아니라, 쌤놀이 내용을 참고해서 빈칸을 채워보고, 배운 내용을 한번 더 되새겨 보는 용도예요.

★ 4단계. 배운 개념을 문제풀이에 적용하기 [익힘문제]

둘째날 익힘

익힘 문제　　📅공부한 날 : 〰️〰️ 월 〰️〰️ 일
ᴬᴵ혷셀공부해요
문제를 풀 때 접대 페이지를 넘겨보지 마세요!(혷셀이 해설이 있음)
10개 맞기 위해서가 아니라 뭘 도와는지 알기 위해 문제를 풀어보는 거랍니다. ^^

A ◻️ 안에 있는 말들과 **공통된 특징**을 가진 단어는?
① ◻️높다　◻️만들다　◻️요리하다　[힌트] '움직임'을 나타내고 있어요.

각 단원에서 배운 내용을 실제 영어 문장에 적용할 수 있는지, 간단한 문법 문제를 풀면서 확인하는 연습문제 코너입니다.

★ 5단계. 문제풀이도 쌤놀이로 설명해보기 [쌤놀이 Action ❹]

쌤H 놀이 ▶️ action❹　　**익힘 문제풀이** *ᴬᴵ혷셀공부해요*

> ✍️ 정답과 풀이를 같이 제공합니다. ✍️ 틀렸거나 헷갈리는 문제는 해설을 읽어보고 쌤놀이로 설명해봐요. ✍️ 모든 문제의 해설을 읽어보면 복습에 큰 도움이 됩니다.

▶️ 풀이
문제 A의 1번 박스 속의 말들은 움직임을 나타내고 있죠? 그런 낱말을 '동

A ◻️ 안에 있는 말들과 공통된 특징을 가진 단어는?
① ◻️높다　◻️만들다　◻️요리하다　[힌트] 움직임을 나타내고 있어요

익힘문제를 채점하고 틀렸거나 헷갈리는 문제가 있었다면, 바로 뒤 페이지의 〈익힘문제풀이〉의 해설을 보면서 쌤놀이를 해보세요. 잘 풀어서 답을 맞혔어도 그것이 왜 답인지 설명할 줄 알아야 한답니다!

★ 6단계. 각 단원의 개념 관련 보충수업

조금 더 알아봐요!　**한번 더 기억해요!**
각 단원의 공부가 모두 끝난 뒤에 그 단원의 내용과 관련해서 추가로 알아둬야 하는 내용은 〈조금 더 알아봐요!〉로, 꼭 기억해둬야 하는 내용은 〈한번 더 기억해요!〉로 보충수업이 정리되어 있어요. 이 부분도 소리 내어 읽으면서 이해해요.

> **[부록] 목차로 한눈에 정리하는 개념 총복습**
> 1권 학습을 모두 끝냈다면 목차 순서대로 문법 개념을 요약해놓은 〈개념 총복습〉을 쭉 읽어보면서 배운 내용을 정리해 보세요. 그리고 나서 2권 공부를 시작하면 개념 연결이 쉽습니다. 각 단원 학습을 마친 후에 복습용으로 활용하기에도 좋습니다.

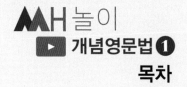

목차

목차

목차

문법이란 게 뭘까요?

이렇게 공부해요 앞으로 배워야 할 문법이란 게 뭔지 생각해보는 시간이에요. 소리 내어 읽어보며 이해합니다. 선생님이 읽어주는 녹음 파일을 들어보면 더 좋습니다.

다른 문법책들 보면 무작정 문제부터 풀라고 나오지요?
여기선 그러지 말고, 쌤놀이로 문법 공부를 시작하기 전에
잠깐 준비운동을 조금 하고 갑시다.
수영하기 전에 간단한 준비운동으로 몸을 푸는 것처럼요.

준비운동의 첫 번째 주제는 '문법이란 게 뭘까요?'예요.
뭐든지 정체를 똑바로 알면 두려움이 사라지죠?
문법에 대한 막연한 두려움이 있거나,
문법 공부가 어렵고 짜증만 나는 친구들 많죠?
우선 이 문법의 '정체'부터 정확히 알게 되면
문법 정복이 훨씬 수월할 거예요.

문법이란 한마디로 <문장을 이해하고 제대로 만드는 법>을 말해요.
'문장을 이해하고 만든다'는데, 여기서 '문장'이란 또 뭘까요?
이 문장이 뭔지 알려면 '의사소통'이란 말부터 이해해야 해요.
'의사소통'이란 우리가 가진 생각이나 마음을 서로 나누는 것을 말해요.
우리는 매일 주변 사람들과 의사소통을 하며 살고 있어요.

그럼 우리는 어떻게 의사소통을 할까요?
의사소통 방법에는 말이나 몸짓, 그림, 그리고 문자가 있어요.
우리가 학교에 등교할 때 친구를 만나면
서로 손을 흔들기도 하고, 인사말을 주고받기도 하지요?
수업 시간에는 조용히 쪽지에 그림을 그리거나 글을 써서
짝꿍이랑 의사소통을 하기도 해요.

이런 의사소통 방법들을 다른 말로 '언어(language)'라고 불러요.
몸짓 언어, 음성 언어, 문자 언어... 이렇게요.

아주 옛날에는 몸짓 언어와 음성 언어밖에 없었어요.

글자가 발명되자 그 이후로는 문자 언어가 압도적으로 많아졌어요.

그럼 왜 이렇게 문자 언어가 훨씬 많이 쓰일까요?

그 이유는 문자 언어가 몸짓이나 음성 언어보다 막강하기 때문이에요.

입이나 몸을 다치면 말도 못하고 몸짓도 못하잖아요.

또 멀리 떨어져 있으면 몸짓을 보거나 음성을 듣지도 못해요.

하지만 문자 언어는 거리와 상관없이 전달될 수 있어요.

심지어 시간의 제한도 없어서 수천 년 전의 문자 기록도 볼 수 있어요.

요즘엔 스마트폰으로 음성과 영상을 전달할 수 있지만

책 같은 문자 언어가 아직까진 가장 보편적인 정보 전달 수단이에요.

그래서 의사소통 방법 중 문자 언어가 굉장히 중요하답니다.

문자 언어란 쉽게 말해서 책 같은 거예요.

책 속엔 수많은 글들이 있는데, 그 글들은 '문장(sentence)'을

기본 단위로 하고 있어요. 그래서 <문장>이란

'완전한 생각을 이루는 글의 기본 단위'를 말해요.

우리가 책 같은 문자 언어를 제대로 읽고 쓸 수 있으려면

문장들을 쉽게 이해하고 잘 만들 수 있어야 해요.

문장을 이해하고 제대로 만드는 법이 뭐라고요?

네, 바로 '문법(grammar)'이에요.

우리가 영어 문법을 공부하는 이유는,

영어로 된 문장을 잘 이해하고,

영어 문장을 제대로 만드는 법을 배우기 위해서랍니다.

문법공부로 우리가 영어 문장을 잘 다룰 수 있게 되면

영어 문자 언어로 의사소통을 유창하게 할 수 있어요.

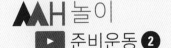

문법을 잘하려면 어떻게 해야 할까요?

이렇게공부해요 문법을 잘하려면 어떤 걸 잘 알아야 하는지 살펴보는 시간이에요. 소리 내어 읽어보며 이해합니다. 선생님이 읽어주는 녹음 파일을 들어보면 더 좋습니다.

우리가 영어를 배우는 이유는 영어로 '의사소통'을 하기 위해서예요.

의사소통을 할 때 우리는 '문장'이란 도구를 이용해서

우리가 전하고 싶은 '의미'를 그 속에 담게 돼요.

그래서 의사소통을 잘하려면 이 '문장'에 대해 잘 알아야겠죠?

문법 공부는 한마디로 '문장' 잘 다루는 법을 배우는 거예요.

쌤놀이 준비운동의 두 번째 주제는 '문법을 잘하려면 어떻게 해야 할까요?'인데요,

문법을 잘한다는 말은 바로 '문장'을 잘 다룬다는 말이에요.

문장을 잘 다룬다는 걸 좀 더 구체적으로 말해보면

첫째, 어떤 영어 문장이 올바른 문장인지 아닌지 구별할 수가 있고요,

둘째는 올바른 영어 문장을 만들어 낼 수 있다는 얘기예요.

그럼 올바른 문장을 구별하고, 또 문장을 잘 만들기 위해서는

도대체 어떻게 해야 할까요?

결론부터 말하자면, 바로 '개념과 규칙'이란 걸 잘 이해하고

활용할 수 있어야 해요.

'개념과 규칙'이란 말이 좀 어렵죠?

규칙이란 '어떤 일을 할 때 서로 지키기로 한 약속'을 말해요.

'이럴 땐 이렇게 하는 게 규칙이야'라고 많이 얘기하잖아요.

규칙은 그래도 좀 이해가 되는데 개념이란 게 정확히 뭔지 잘 모르겠죠?

개념이란 '어떤 것에 대한 일반적인 생각'이라고 사전에 나와 있어요.

이 '일반적인 생각'이란 게 무슨 말인지 예를 들어볼게요.

자, 아래 그림을 보면 직선과 곡선, 그리고 점 하나가 찍혀있어요.

하지만 우리는 그림을 보자마자 이게 뭔지 바로 알 수 있어요.

이 그림이 '생쥐'라는 걸 우리는 어떻게 보자마자 알 수 있을까요?

간단하지만 생쥐가 가진 '공통적(일반적) 특징'만 잘 나타냈기 때문에

우리는 곧바로 생쥐를 떠올릴 수 있는 거예요.

예를 하나 더 살펴볼까요?

아래 사진들을 보자마자 사진 속의 생물이 뭔지 알 수 있겠어요?

네, 바로 '강아지(puppy)'들이에요.

종이 서로 다른 강아지가 각각 다른 자세를 취하고 있지만

사진을 보자마자 우리는 '강아지네!'라고 알았을 거예요.

어떻게 그게 가능할까요?

그건 바로 우리가 '강아지'에 대한 <개념>을 갖고 있기 때문이에요.

강아지에 대한 '공통적이고 일반적인 생각(이미지)'이 있어서

한번 척 보면 그게 강아지인 걸 알아차리는 거예요.

특히 우리가 글자를 배우면서부터는

'실제 강아지'를 '강아지(puppy)'라는 '낱말'과 연결짓게 돼요.

'강아지(puppy)란 단어'가 '강아지의 개념'을 대표하게 되는 거죠.

사실 우리들이 익히 아는 단어들은 모두 '개념'인 거예요.

문법을 잘한다는 건 문장을 잘 다룰 줄 안다는 건데,

문장은 단어(개념)들로 이루어져 있고, 또 단어들이 결합하는 규칙이 있어요.

그래서 문장을 잘 다룰 수 있기 위해서는,

문장을 이루는 '개념과 규칙'을 잘 이해하고 써먹을 수 있어야 해요.

자, 그럼 우리가 앞으로 배울 영어 문법이란 게 뭔지,

그리고 이 문법을 잘하려면 어떻게 해야하는지로 준비운동을 마쳤으니까

본격적인 쌤놀이 영문법 공부를 시작해 볼까요?

힘차게 출발해 봅시다. Let's go~!

1

뿌리 문장이요?
문장에도 뿌리가 있나요?

1

뿌리 문장이요?
문장에도 뿌리가 있나요?

📅 공부한 날. ∧∧∧∧∧∧∧ 월 ∧∧∧∧∧∧∧ 일 ∧∧∧∧∧∧∧ 요일

이렇게 공부해요 소리 내어 읽어보며 이해합니다. 선생님이 읽어주는 녹음 파일을 들어보면 더 좋습니다.

앞에서 이런 것들을 배웠죠?

문법	문장을 이해하고 제대로 만드는 법이에요.
문법 잘하기	문장의 개념과 규칙을 잘 이해하고 활용할 수 있어야 해요.
규칙	어떤 일을 할 때 서로 지키기로 한 약속이에요.
개념	어떤 것에 대한 공통적인 특징 또는 일반적인 생각이에요. 개념(생각)들은 그림이나 낱말로도 표현될 수 있어요.

문법 공부에는 새로운 개념들이 계속 나와요. 이 새로운 개념들을 완전히 자기 것으로 만들기 위해서는 '논리력'과 '핵심을 보는 능력'이 꼭 필요해요.

먼저 '논리력'이 뭘 말하는지 다음 문제를 한번 보세요. 아래 사진 중 종류가 다른, 즉 '차이'가 나는 건 어떤 걸까요?

① ② ③ ④

답은 ③번, 고양이죠. 다른 사진들은 강아지 모습이고요. 간단히 말해, '논리력'은 차이점을 구별할 때 필요한 능력이에요. 앞의 문제를 잘 푸는 데 꼭 필요한 능력이에요.

이제 '핵심을 보는 능력'을 살펴보면요. '핵심(核心)'이란 '가장 중심이 되거나 가장 중요한 부분'을 말해요. '핵심 보기 능력'은 한마디로 '공통점을 찾아내는 능력'이에요. 이번 쌤놀이에서 "뿌리 문장"이라는 '개념'을 배우는데, 바로 이 '핵심을 보는 능력'이 활용돼요.

'뿌리 문장'이란 '문장에 대한 기초적인 개념'인데요, 세상의 수많은 문장들을 핵심만 딱 뽑아보면 '단 세 가지 뿌리 문장'으로 간단히 줄일 수가 있어요. 그걸 이번 시간에 자세히 배우게 될 거예요.

지금까지 문법 공부를 위해 필요한 능력들을 살펴봤는데요, 이 능력들을 잘 키워가면서 이제부터 영어 문법이라는 산을 정복해봅시다~! 👤

 # 쌤놀이

▶ Action ① 핵심 보기 능력

이렇게 공부해요 ✌ 소리 내어 읽으면서 이해합니다. ✌ 내용을 보면서 선생님이 가르치듯 쌤놀이를 합니다. ✌ 확인란에 체크!

이번 수업의 주제는 "뿌리 문장"이라는 '개념'을 배우는 건데요,

'뿌리 문장'이란 '문장에 대한 기초적인 개념'이에요.

우리는 이 뿌리 문장으로 수만 가지의 문장을 만들어낼 수 있어요.

이 뿌리 문장을 이해하기 위해 우선 '핵심 보기 능력'이란 걸 살펴보겠어요.

'핵심 보기 능력'은 여러 가지를 비교해서 공통된 특징을 찾아내는 건데,

아래 예를 한번 보세요.

〈현실 세계 속의 다양한 모습들〉　　　　　　〈핵심 뽑기〉

①    ➡

②    ➡ **책**
(book)

①번 예는 얼굴 모습에서 '웃음, 미소'라는 핵심을 뽑아 '그림'으로 표현했고요,

②번은 사진에 나온 공통된 물체를 '책'이라는 '낱말'로 나타냈어요.

사실 우리가 매일 쓰는 낱말, 용어, 이런 것들이 모두 '개념'이에요.

이 개념을 나타내는 낱말들은 '핵심 보기 능력'을 통해 탄생한 거예요.

소리 내어 읽었나요? 1회 ☐ 2회 ☐ 쌤놀이를 했나요? Yes ☐ No ☐

 ② 세 가지 뿌리 문장

그럼 이 '핵심을 보는 능력'이 '뿌리 문장'과 무슨 상관이냐 하면요,

어떤 책이든 펼쳐보면 수많은 문장들로 가득차 있잖아요?

이제 '핵심 보기'를 통해 그 수많은 문장들도 핵심만 딱 뽑아보면

단 '세 가지'의 기본 형태로 간단히 줄일 수가 있답니다.

이건 한국어든, 영어든, 중국어든 다 똑같아요.

아래와 같이 이 '세 가지 기본 형태의 문장'을 "뿌리 문장"이라고 해요.

① 무엇이(누가) 어찌하다.	'어찌하다'는 '어찌 행동하다'는 말이에요. 무엇이(누가) 일으키는 움직임을 표현해요.
② 무엇이(누가) 어떠하다.	'어떠하다'는 '어떤 상태이다'는 말이에요. 무엇이(누가) 어떤 상태인지 묘사해줘요.
③ 무엇이(누가) 무엇(누구)이다.	'무엇(누구)이다'는 사물이나 사람의 정체, 즉 본 모습을 나타내는 거예요.

우리는 앞으로 이 뿌리 문장을 변화시켜서 수많은 문장을 만들어 볼 거예요.

영어 문장은 우리말처럼 왼쪽에서 오른쪽으로 단어를 써나가요.

그래서 문장에서는 왼쪽이 앞쪽이고, 오른쪽은 뒤쪽이 돼요.

문장 앞쪽(왼쪽)의 '무엇이(누가)' 부분을 '주어 = 임자말'이라고 부르고요,

뒤쪽(오른쪽) '어찌하다, 어떠하다, 무엇이다' 부분을 '서술어 = 풀이말'이라고 해요.

 Action ③ 세 가지 뿌리 문장의 예

이렇게 공부해요 ✌소리 내어 읽으면서 이해합니다. ✌내용을 보면서 선생님이 가르치듯 쌤놀이를 합니다. ✌확인란에 체크!

그럼 뿌리 문장의 예를 좀 살펴볼까요?

① 무엇이 <u>어찌하다</u>.

주체(주어)	동작
원숭이가	먹는다.
아이들이	달린다.

② 무엇이 <u>어떠하다</u>.

주체(주어)	상태/성질/모양
날씨가	따뜻하다.
강아지가	귀엽다.

③ 무엇이 <u>무엇이다</u>.
   (누가 누구이다.)

주체(주어)	정체(본 모습)
원숭이는	동물이다.
Mary는	학생이다.

오늘은 "뿌리 문장"의 개념에 대해 배워봤어요.

문법 공부는 '문장의 개념과 규칙'을 배우는 건데,

문장의 '핵심'을 살펴보니 '세 가지 기본 형태'가 있더라는 얘기였어요.

이렇게 '개념'을 잘 이해하기 위해선 "핵심 보기 능력"을 키워야 하고요,

또 이치를 잘 따지는 '논리력'은 문제를 풀 때 꼭 필요하답니다.

소리 내어 읽었나요? 1회 ☐ 2회 ☐ 쌤놀이를 했나요? Yes ☐ No ☑

⚠H 놀이 확인문제

✌쌤놀이 내용을 떠올리며 빈칸을 채워봅니다. ✌쌤놀이 내용을 참고해도 됩니다. ✌답 확인 후 소리 내어 읽어보세요.

빈칸에 들어갈 알맞은 말을 써보세요.

1 우리가 의사소통을 할 때 문자 언어를 많이 써요.

문자 언어의 기본 단위는 ① ☐☐ 인데요.

문법은 이 ② ☐☐ 을 이해하고 제대로 만드는 법을 말해요.

2 문법을 잘하려면 올바른 문장을 구별하고, 또 문장을 잘 만들어야 하는데,

그러려면 문장의 ① ☐☐ 과 ② ☐☐ 을 잘 이해하고 활용할 수 있어야 해요.

3 ① ☐☐ 이란 '어떤 일을 할 때 서로 지키기로 한 약속'을 말하고,

② ☐☐ 은 '어떤 것에 대한 공통적인 또는 일반적인 생각'을 말하는 거예요.

4 개념을 잘 파악하기 위해서는 어떤 것들을 비교해서 ① ☐☐ 된 특징을 찾아내는

② ☐☐ 보기 능력을 키워야 해요.

5 또한 문법 문제를 잘 풀기 위해서는 ① ☐☐ 점을 구별하는 능력인

② ☐☐ 력이 꼭 필요해요.

6 글 속의 수많은 문장에서 핵심만 뽑아보면 단 세 가지 기본 형태로 줄일 수 있어요.

이 기본 형태의 문장을 ① ☐☐ 문장이라고 해요.

7 세 가지 기본 문장 형태는 다음과 같아요.

첫째, 무엇이(누가) ① ☐☐ 하다. (= 어찌 행동하다)

둘째, 무엇이(누가) ② ☐☐ 하다. (= 어떤 상태이다)

셋째, 무엇이(누가) ③ ☐☐ (누구)이다.

이 뿌리 문장들을 변형해서 수만 가지 문장을 만들 수 있어요.

이렇게 공부해요

문제를 풀 때 절대 페이지를 넘겨보지 마세요!(쌤놀이 해설이 있음)
100점 맞기 위해서가 아니라 뭘 모르는지 알기 위해 문제를 풀어보는 거랍니다.^^

A 왼쪽 사진에서 〈핵심 뽑기〉로 '공통점'을 찾아내고, 그에 알맞은 '개념'을 오른쪽에서 골라보세요.

〈현실 세계 속의 다양한 모습들〉 → 〈핵심 뽑기 = 공통점 찾기〉 → 〈개념 고르기〉

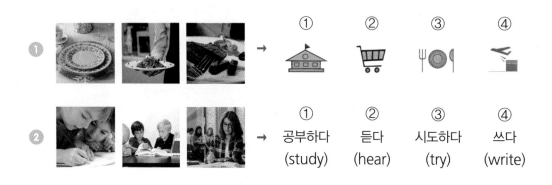

B 다음 중 나머지를 <u>대표할 수 있는 단어</u>를 골라 보세요.

❶ ① 사람 　　② 학생 　　③ 엄마 　　④ 목수 　　⑤ 어부

❷ ① 서울 　　② 뉴욕 　　③ 도쿄 　　④ 런던 　　⑤ 도시

C 각 ⬜에는 어떤 대상에 대한 <u>핵심 특징들</u>이 나열되어 있어요. 이런 특징들을 <u>공통적으로 전부 갖고 있는 것</u>을 골라 보세요.

❶ | 생물 | 노란색 | 작은 | 난다 | 검정색 |

① 참새 　　② 박쥐 　　③ 꿀벌 　　④ 드론 　　⑤ 잠자리

❷ | 유럽 | 금속 | 거대한 | 구경 | 삼각형 |

① 콜로세움 　② 만리장성 　③ 알프스 　④ 에펠탑 　⑤ 빅 벤

D [   ] 안에 있는 것과 <u>같은 관계의 묶음으로</u> 가장 알맞은 것을 고르세요.

① 질병 : 약 **[힌트]** '문제 : 해결책'의 관계

① 의사 : 간호사 ② 남자 : 여자 ③ 공부 : 1등

④ 미세먼지 : 마스크 ⑤ 종이 : 나무

② 학생 : 연필 **[힌트]** '누구/무엇 : 누구/무엇이 필요로 하는 도구'의 관계

① 제주도 : 일본 ② 컴퓨터 : 스마트폰 ③ 지갑 : 쇼핑

④ 책 : 일기장 ⑤ 나무꾼 : 도끼

E 아래 설명을 참고하여 [   ] 안에 있는 문장과 같은 형태의 뿌리 문장을 고르세요.

뿌리 문장 (1)번	무엇이(누가) 어찌하다. → 어찌 행동하다.
뿌리 문장 (2)번	무엇이(누가) 어떠하다. → 어떤 상태이다.
뿌리 문장 (3)번	무엇이(누가) 무엇(누구)이다. → 정체

① 서윤이는 학생이다.

① 한준이는 먹는다. ② 물이 따뜻하다. ③ 삼촌은 의사다.

② Mary는 아름답다.

① 강아지는 귀엽다. ② 얼룩말이 달린다. ③ 원숭이는 동물이다.

③ 지원이가 생각한다.

① 예진이는 예쁘다. ② 정민이가 소리친다. ③ 준희는 학급 회장이다.

익힘 문제풀이

이렇게 공부해요

✌ 정답과 풀이를 보며 채점을 합니다. ✌ 틀렸거나 헷갈리는 문제는 해설을 읽어보고 쌤놀이로 설명해봅니다. ✌ 모든 문제의 해설을 읽어보면 복습에 큰 도움이 됩니다.

▶ **풀이**

문제 A는 공통점을 찾아 개념과 연결시키는 문제에요. 1번 문제의 사진은 식사 전 세팅 모습, 음식 서빙 모습, 스테이크 먹는 모습인데, 오른쪽 개념들은 어떤 장소를 나타내고 있어요. 왼쪽 사진들의 공통점은 먹는다는 것이고, 그와 관련된 장소는? 네, 바로 '레스토랑'이지요!

모두 책을 보거나 종이에 쓰면서 공부하는 모습이지요? 오른쪽 보기의 개념들은, 이번에는 낱말로 표현되고 있는데, 그 중 가장 알맞은 개념은 공부하다(study)가 되겠어요.

A 왼쪽 사진에서 〈핵심 뽑기〉로 '공통점'을 찾아내고, 그에 알맞은 '개념'을 오른쪽에서 골라보세요.

① → ① 🏛 ② 🛒 ❸ 🍴 ④ ✈

② → ❶ 공부하다 (study) ② 듣다 (hear) ③ 시도하다 (try) ④ 쓰다 (write)

▶ **풀이**

보기의 단어 중 나머지를 대표할 수 있는 단어를 고르는 문제인데요, 1번의 보기들인 학생, 엄마, 목수, 어부의 공통점은 모두 어떤 '사람'을 나타내지요? 그래서 대표 단어는 '사람'이 돼요.

서울, 뉴욕, 도쿄, 런던이 모두 도시 이름이죠? 그래서 대표 단어는 '도시'가 돼요.

B 다음 중 나머지를 대표할 수 있는 단어를 골라 보세요.

① ❶ 사람   ② 학생   ③ 엄마   ④ 목수   ⑤ 어부

② ① 서울   ② 뉴욕   ③ 도쿄   ④ 런던   ❺ 도시

▶ **풀이**

문제 C는 박스에 있는 특징들을 공통적으로 갖고 있는 단어를 골라야 해요. 살아있고(생물), 노란색과 검정색을 가지며, 날 수 있고 작다는 특징을 가진 것은 바로 '꿀벌'이죠.

C 각 [   ]에는 어떤 대상에 대한 핵심 특징들이 나열되어 있어요. 이런 특징들을 공통적으로 전부 갖고 있는 것을 골라 보세요.

① [생물] [노란색] [작은] [난다] [검정색]

① 참새   ② 박쥐   ❸ 꿀벌   ④ 드론   ⑤ 잠자리

② [유럽] [금속] [거대한] [구경] [삼각형]

① 콜로세움　② 만리장성　③ 알프스　**❹ 에펠탑**　⑤ 빅 벤

유럽에 있고, 금속으로 만들어졌으며, 거대하고, 사람들이 구경하러 오고, 삼각형 모양을 한 특징이 있는 것은 프랑스 파리에 있는 '에펠탑'이에요.

▶️ 풀이

문제 D는 박스 속의 말 묶음과 같은 관계를 찾는 문제인데, 1번에서 '질병'이라는 문제의 해결책은 약'이란 관계와 같은 묶음은 ④번의 '미세먼지(문제)와 마스크(해결책)'가 답이 돼요.

D [ ] 안에 있는 것과 같은 관계의 묶음으로 가장 알맞은 것을 고르세요.

① [질병 : 약] [힌트] '문제 : 해결책'의 관계

① 의사 : 간호사　② 남자 : 여자　③ 공부 : 1등

❹ 미세먼지 : 마스크　⑤ 종이 : 나무

② [학생 : 연필] [힌트] '누구/무엇 : 누구/무엇이 필요로 하는 도구'의 관계

① 제주도 : 일본　② 컴퓨터 : 스마트폰　③ 지갑 : 쇼핑

④ 책 : 일기장　**❺ 나무꾼 : 도끼**

학생에게 필요한 도구는 연필이라는 관계죠. 이와 똑같은 관계를 보기에서 골라보면 '나무꾼에게 필요한 도구는 도끼'라는 ⑤번이 답이 된답니다.

▶️ 풀이

이번 문제는 주어진 문장과 같은 형태의 뿌리 문장을 찾는 문제예요. 1번의 서윤이는 누구다? 학생이다. 그래서 ③번 삼촌은 누구다? 의사다. 이게 같은 형태로 답이 돼요. 뿌리 문장 3번과 같은 형태네요.

E 아래 설명을 참고하여 [ ] 안에 있는 문장과 같은 형태의 뿌리 문장을 고르세요.

① [서윤이는 학생이다.]

① 한준이는 먹는다.　② 물이 따뜻하다.　**❸ 삼촌은 의사다.**

② [Mary는 아름답다.]

❶ 강아지는 귀엽다.　② 얼룩말이 달린다.　③ 원숭이는 동물이다.

'Mary는 어떠하다'로 뿌리 문장 (2)번과 같은 형태예요. 그래서 ①번 '강아지는 귀엽다'가 답이 돼요.

③ [지원이가 생각한다.]

① 예진이는 예쁘다.　**❷ 정민이가 소리친다.**　③ 준희는 학급 회장이다.

'지원이가 생각한다'는 누가 어찌하다는 말이죠. 그래서 뿌리 문장 (1)번 형태의 문장이고, 같은 형태는 ②번 '정민이가 소리친다'예요.

'어찌하다'와 '어떠하다' 구별하기

이렇게공부해요 보충수업이에요. 앞으로 배울 내용과 연관되어 있으니 천천히 소리 내어 읽어보면서 이해합니다.

수많은 문장에서 '핵심'만 뽑은 '세 가지 형태'가 〈뿌리 문장〉이었어요. 뿌리 문장 세 가지는 간단하지만, '어찌하다'와 '어떠하다' 구별하기가 아직 어려울 수 있어서 보충 설명을 해 볼게요.

어찌하다	마치 동영상을 찍어서 계속 보여주는 것 같아요.
어떠하다	사진을 찍어서 그 순간의 모습을 보여주는 것 같아요.

● 무엇이(누가) 어찌하다.

'어찌하다'는 '움직임'을 나타내는 말들이에요.

먹다	가다	오다	주다	받다
걷다	달리다	앉다	서다	놀다
소리치다	대답하다	보다	웃다	울다
돕다	짖다	던지다	읽다	공부하다

'어찌하다'는 말들이 위 표에는 '기본형'의 형태로 써져 있어요. 예를 들어, '먹다'라는 말은 '기본형'이고, 우리가 보통 말이나 글에서는 '먹는다 / 먹었다 / 먹을 것이다', 이런 형태로 쓰고 있어요.

예 아이들이 달린다. / 엄마가 웃는다. / Alex가 대답했다.

● 무엇이(누가) 어떠하다.

'어떠하다'는 무엇이(누가) 어떤 상태/성질/모양인지 묘사를 해줘요.

행복하다	따뜻하다	친절하다	빠르다	조용하다
달콤하다	짜다	기쁘다	높다	낮다
아름답다	예쁘다	많다	뜨겁다	차갑다
둥글다	날카롭다	파랗다	쉽다	어렵다

예 Emily는 행복하다. / 치타는 빠르다. / 지구는 둥글다.

그래도 '어찌하다'와 '어떠하다'의 구별이 잘 되지 않으면 이렇게 해보세요. 낱말 끝의 '–다'를 없애고 거기에 '–는다' 또는 '–ㄴ(니은)다'를 넣어서 말이 되면 '어찌하다'에 속하고, 말이 되지 않으면(어색하면) '어떠하다'에 속해요.

+ '–는다' 또는 '–ㄴ(니은)다'	
'어찌하다' ⇒ 말이 됨.	'어떠하다' ⇒ 말이 되지 않음.
먹는다 (○) 달린다 (○) 읽는다 (○) 만든다 (○) 잔다 (○)	맛있는다 (X) 빠른다 (X) 행복한다 (X) 쉽는다 (X) 많는다 (X)

2

품사란 게 도대체 뭐예요?

2

품사란 게 도대체 뭐예요?

📅 공부한 날. ⋀⋀⋀⋀⋀ 월 ⋀⋀⋀⋀⋀ 일 ⋀⋀⋀⋀⋀ 요일

이렇게 공부해요 소리 내어 읽어보며 이해합니다. 선생님이 읽어주는 녹음 파일을 들어보면 더 좋습니다.

이번 시간에는 '핵심 보기'를 통해 단어의 종류에 대해 배울 거예요.

수많은 단어들을 같은 특징의 단어끼리 정돈한 것을 '품사'라고 해요.

한자로는 아래처럼 '물건 품(品) 자와 말 사(詞) 자'를 써요.

品 → 물건 품
　　예 학용품, 제품, 부품

詞 → 말 사
　　예 명사, 동사

품사는 '세상에 있는 모든 사물들을 우리가 부르는 말'이란 뜻이에요. 앞에서 '뿌리 문장'을 배운 이유는 문장의 기초 개념을 알기 위해서였는데, 이 '품사'를 배우는 이유는 문장에 집어넣을 재료가 뭔지 알기 위해서예요. 맛있는 요리를 만들려면 요리에 들어갈 재료를 잘 알아야 하듯, 문장을 만들 때도 문장을 구성할 '낱말 재료'를 정확히 알아야 해요.

영어에서는 모든 단어들을 '공통된 특징에 따라' 다음과 같이 모두 여덟 가지 종류로 나눠요. 음식 재료의 쓰임이 다 다르듯이 이 여덟 가지 품사의 쓰임도 각각 달라요.

명사 (名詞) Noun	동사 (動詞) Verb	형용사 (形容詞) Adjective	부사 (副詞) Adverb	대명사 (代名詞) Pronoun	전치사 (前置詞) Preposition	접속사 (接續詞) Conjunction	감탄사 (感歎詞) Exclamation

이번 시간에는 우선 '네 가지 품사'의 개념을 배워볼 거예요.

명사	전체 단어의 **70%**를 차지할 만큼 그 수가 많아요. 내용 전달의 중심어가 되는 말이에요.
동사	문장에서 제일 많은 기능을 담당하고 있어요.
형용사, 부사	명사와 동사를 각각 자세히 얘기해주는 역할을 맡아요.

에효효... 명사, 동사, 형용사, 부사, 이런 말을 들으니까 머리가 아프죠?

너무 걱정하진 말아요. '쌤놀이'를 해보면 금방 익숙해질 거니까요~👤

  단어와 품사

엄마가 요리할 때 보면 이 재료 저 재료 쓰시죠?

단맛이 좀 부족하면 설탕을 한 스푼 더 넣거나

신맛이 좀 부족하면 식초를 조금 더 넣거나 하시죠.

그런데 단맛이 필요한데 식초를 넣어버리면 어떻게 될까요?

요리를 망쳐서 이상한 음식이 되겠죠.

문법이란 문장을 만드는 법칙인데, 문장 안에는 단어가 들어 있어요.

이 단어들이 문장을 만들 때 쓰이는 '재료'인 거예요.

요리와 마찬가지로 문장을 만들 때도 '쓰임에 맞는 단어 재료'를 써야 해요.

이번 시간에는 이 문장의 재료인 '단어'에 대해 배워보겠어요.

우리가 영어 단어를 배울 때 단어 뜻만 알고 넘어가기 쉬운데요.

단어는 문장 속에서 그 쓰임과 순서가 정해져 있기 때문에,

문장을 잘 다루려면 뜻과 함께 단어의 사용법까지도 잘 알아야 해요.

세상에는 무수한 낱말(단어)들이 있지요.

저번 시간에 배운 '핵심 보기'를 통해 이 수많은 단어들을

같은 특징의 낱말끼리 정돈한 것을 '품사'라고 불러요.

소리 내어 읽었나요? 1회 ☐ 2회 ☐ 쌤놀이를 했나요? Yes ☐ No ☐

이렇게 공부해요 ✌소리 내어 읽으면서 이해합니다. ✌내용을 보면서 선생님이 가르치듯 쌤놀이를 합니다. ✌확인란에 체크!

영어에서는 이 품사를 모두 여덟 가지로 나눠놨어요.

이 여덟 가지 품사들이 문장의 재료로 문장 속에 들어가는데,

그 쓰임에 따라 알맞은 품사 재료를 써줘야 해요.

오늘 수업에서는 여덟 가지 품사 중 더 중요한 네 가지 품사,

'명사, 동사, 형용사, 부사'에 대해서 공부해 볼 거예요.

제일 먼저 명사(名詞)에 대해 알아볼게요.

사람, 동·식물, 장소, 물건, 생각 등은 모두 이름을 가리키는 말이죠.

이런 낱말들을 '명사'라고 불러요. 예를 들어 보면요.

사람, 물건의 이름	Jack(잭), friend(친구), book(책), toy(장난감)
장소의 이름	Korea(한국), Seoul(서울)
생각의 이름	joy(기쁨), peace(평화)

둘째는 움직임, 즉 동작을 나타내는 동사(動詞)가 있어요.

움직임에는 다음과 같이 '신체적인 움직임'과 '정신적인 움직임'이 있어요.

신체적 움직임	eat(먹다), go(가다), see(보다)
정신적 움직임	think(생각하다), like(좋아하다), know(알다)

☑
소리 내어 읽었나요? 1회 □ 2회 □ 쌤놀이를 했나요? Yes □ No □

Action ❸ 형용사와 부사

이렇게 공부해요 ✌️소리 내어 읽으면서 이해합니다. ✌️내용을 보면서 선생님이 가르치듯 쌤놀이를 합니다. ✌️확인란에 체크!

셋째는 형용사(形容詞)라 불리는 단어들인데요,

어떤 것의 상태, 성질, 모양 등을 묘사해주는 말이에요.

'형용'의 뜻은 어떤 것의 모양을 나타내준다는 의미예요.

상태	good(좋은), hot(뜨거운)
성질	soft(부드러운), quick(빠른)
모양	big(큰), small(작은), round(둥근)

넷째는 부사(副詞)라고 구분되는 단어들이 있는데,

'부사'는 '옆에서 더 분명해지도록 돕는 말'이란 뜻으로 두 가지 역할을 해요.

첫째, '동사'라는 품사 곁에서 움직임이 어떻게 일어나는지 표현해줘요.

이런 부사들은 주로 '형용사 뒤'에 '-ly'를 붙여서 만들어져요.

예 slow: 느린(형용사) → slowly: 느리게, 천천히(부사)

　　quick: 빠른(형용사) → quickly: 빨리(부사)

　　happy: 행복한(형용사) → happily: 행복하게(부사)

둘째, '형용사'라는 품사 곁에서 상태가 얼마 정도인지 표현해줘요.

예 very(매우), really(정말로), often(자주, 종종)

이번 시간에는 '문장의 재료'인 품사의 기초 개념에 대해 배웠어요.

올바른 영어 문장을 만들 수 있으려면 품사의 개념을 정확히 알고,

특히 명사, 동사, 형용사, 부사의 역할과 쓰임을 잘 알아야 한답니다.

소리 내어 읽었나요? 1회 ☐ 2회 ☐ 쌤놀이를 했나요? Yes ☐ No ☐

✅ 놀이 확인문제

👆 쌤놀이 내용을 떠올리며 빈칸을 채웁니다. ✌️ 쌤놀이 내용을 참고해도 됩니다. 🤟 답 확인 후 소리 내어 읽어보세요.

빈칸에 들어갈 알맞은 말을 써보세요.

1 품사(品詞)는 ① ☐☐ 특징의 낱말끼리 정돈해 놓은 것을 말해요.

영어에서는 세상의 모든 낱말들을 ② ☐☐ 가지로 나눠놨어요.

품사는 '문장의 ③ ☐☐'로 문장에 들어갈 때 알맞은 품사 재료를 써줘야 해요.

2 ① ☐☐ (noun)란 사람, 동식물, 장소, 물건, 생각의 ② ☐☐ 을 가리키는

말이에요.

→ Mary(메리), student(학생), monkey(원숭이), banana(바나나), peace(평화)

3 동사(verb)는 움직임, 즉 ① ☐☐ 을 나타내는 말이에요.

신체적인 움직임뿐만 아니라 ② ☐☐ 적인 움직임을 표현하는 말도 있어요.

→ eat(먹다), go(가다), see(보다), think(생각하다), like(좋아하다), know(알다)

4 ① ☐☐☐ (adjective)는 사람이나 사물의 상태, 성질, 모양을 묘사해주는

말이에요. ② ☐☐ 의 뜻은 어떤 것의 모양을 나타내준다는 의미예요.

→ easy(쉬운), good(좋은), small(작은), happy(행복한), quick(빠른)

5 ① ☐☐ (adverb)는 ② ☐☐☐ 돕는 말이란 뜻인데, 두 가지 역할을

해요.

첫째, '동사'라는 품사 곁에서 움직임이 ③ ☐☐ 일어나는지 표현해줘요.

이런 부사들은 주로 '형용사 뒤'에 '-ly'를 붙여서 만들어져요.

둘째, '형용사'라는 품사 곁에서 상태가 '④ ☐☐☐'인지 표현해줘요.

→ quickly(빨리), happily(행복하게), very(매우), really(정말로), always(항상)

정답: 1. ① 같은 ② 여덟 ③ 재료 2. ① 명사 ② 이름 3. ① 동작 ② 정신 4. ① 형용사 ② 형용 5. ① 부사 ② 곁에서 ③ 어떻게 ④ 어떠한 놀이 확인문제 정답

2. 품사란 게 도대체 뭐예요? 41

익힘 문제

이렇게 공부해요

문제를 풀 때 절대 페이지를 넘겨보지 마세요!(쌤놀이 해설이 있음)

100점 맞기 위해서가 아니라 뭘 모르는지 알기 위해 문제를 풀어보는 거랍니다.^^

A ☐ 안에 있는 말들과 공통된 특징을 가진 단어는?

① | 놀다 | 만들다 | 요리하다 | **[힌트]** '움직임'을 나타내고 있어요.

① 수박　　　② 놀라운　　　③ 열심히　　　④ 돕다

② | 일찍 | 빠르게 | 자주 | **[힌트]** '어떻게' 또는 '얼마 정도'를 표현해요.

① 따뜻한　　　② 천천히　　　③ 마시다　　　④ 지우개

③ | 학교 | 자전거 | 컴퓨터 | **[힌트]** '이름'을 나타내고 있어요.

① 우정　　　② 걷다　　　③ 너무　　　④ 행복한

④ | 넓은 | 따뜻한 | 재미있는 | **[힌트]** '상태/성질/모양'을 묘사해줘요.

① 공책　　　② 공부하다　　　③ 아주　　　④ 빠른

B 다음 단어 중 나머지와 성질이 다른 것을 골라 보세요.

① ① 흐릿한　　② 귀여운　　③ 맛있는　　④ 넓은　　⑤ 빨리

② ① 달리다　　② 노래하다　　③ 만들다　　④ 친절한　　⑤ 청소하다

③ ① 느리게　　② 늦은　　③ 매우　　④ 이미　　⑤ 항상

C 상자 안에 있는 문장들과 같은 패턴의 문장을 만들려고 해요. ☐ 안에 들어갈 수 있는 말과 성질이 <u>다른</u> 것은 어떤 낱말일까요?

①

- 파란 하늘이 멋지다.
- 큰 나무가 서있다.
- 배고픈 여우가 도망간다.

→ ☐ 아이가 말한다.

① 소리치다 ② 예쁜 ③ 차가운 ④ 시끄러운

②

- 서윤이가 노래한다.
- 아기가 잠잔다.
- Mike가 수영한다.

→ 승수가 ☐.

① 일어나다 ② 일찍 ③ 웃다 ④ 자라다

③

- 한준이가 열심히 운동한다.
- 말이 빠르게 달린다.
- 태양은 매우 뜨겁다.

→ 개미는 ☐ 작다.

① 아주 ② 정말로 ③ 너무 ④ 귀여운

익힘 문제풀이

✌ 정답과 풀이를 보며 채점을 합니다. ✌ 틀렸거나 헷갈리는 문제는 해설을 읽어보고 쌤놀이로 설명해봅니다. ✌ 모든 문제의 해설을 읽어보면 복습에 큰 도움이 됩니다.

▶️ 풀이

문제 A의 1번 박스 속의 말들은 움직임을 나타내고 있죠? 그런 낱말을 '동사'라고 배웠어요. 그럼 보기에서 동사를 찾아보면 ④번 '돕다'예요.

2번 박스 속의 말들은 '어떻게' 또는 '얼마 정도'를 나타내는 '부사'라는 종류의 낱말이죠. 보기에서 부사를 골라보면 ②번 '천천히'가 답이에요.

3번 박스 속의 말들은 이름을 나타내죠. 그래서 명사들이고, 보기에서 명사를 찾아보면 ①번 '우정'이라는 말이 '친구 사이의 정'이라는 감정의 이름을 나타내어 정답이 된답니다.

4번 박스 속의 말들은 '상태/성질/모양'을 나타내는 형용사들인데요. 그래서 보기에서 형용사를 찾아보면 ④번 '빠른'이 정답이 되겠어요.

A 　□□□ 안에 있는 말들과 공통된 특징을 가진 단어는?

❶ [놀다] [만들다] [요리하다]　[힌트] '움직임'을 나타내고 있어요.

　① 수박　　② 놀라운　　③ 열심히　　❹ 돕다
　→ 명사　　→ 형용사　　→ 부사　　→ 동사

❷ [일찍] [빠르게] [자주]　[힌트] '어떻게' 또는 '얼마 정도'를 표현해요.

　① 따뜻한　　❷ 천천히　　③ 마시다　　④ 지우개
　→ 형용사　　→ 부사　　→ 동사　　→ 명사

❸ [학교] [자전거] [컴퓨터]　[힌트] '이름'을 나타내고 있어요.

　❶ 우정　　② 걷다　　③ 너무　　④ 행복한
　→ 명사　　→ 동사　　→ 부사　　→ 형용사

❹ [넓은] [따뜻한] [재미있는]　[힌트] '상태/성질/모양'을 묘사해줘요.

　① 공책　　② 공부하다　　③ 아주　　❹ 빠른
　→ 명사　　→ 동사　　→ 부사　　→ 형용사

▶️ 풀이

문제 B는 품사의 종류가 다른 낱말을 찾는 문제인데요. 1번에서 ①, ②, ③, ④번은 모두 '형용사'인데, ⑤번만 '부사'예요. 그래서 답은 ⑤번 '빨리'예요.

B 　다음 단어 중 나머지와 성질이 <u>다른</u> 것을 골라 보세요.

❶ ① 흐릿한　　② 귀여운　　③ 맛있는　　④ 넓은　　❺ 빨리

② ① 달리다　② 노래하다　③ 만들다　❹ 친절한　⑤ 청소하다

①, ②, ③, ⑤번은 모두 동작을 나타내는 '동사'인데, ④번 '친절한'은 '형용사'예요. 그래서 답은 ④번이에요.

③ ① 느리게　❷ 늙은　③ 매우　④ 이미　⑤ 항상

①, ③, ④, ⑤번이 '어떻게' 또는 '얼마 정도'를 나타내는 부사들이에요. ②번 '늙은'은 형용사니까, 정답은 ②번이 되겠어요.

C 상자 안에 있는 문장들과 같은 패턴의 문장을 만들려고 해요. ⬚ 안에 들어갈 수 있는 말과 성질이 다른 것은 어떤 낱말일까요?

①
- 파란 하늘이 멋지다.
- 큰 나무가 서있다.
- 배고픈 여우가 도망간다.

→ ⬚ 아이가 말한다.

❶ 소리치다　② 예쁜　③ 차가운　④ 시끄러운

문제 C는 빈칸에 들어갈 수 있는 말과 품사가 다른 낱말을 골라내는 문제예요. 왼쪽 박스 속 문장들의 '파란, 큰, 배고픈' 이런 말들은 '형용사'예요. 그래서 빈칸에 들어갈 수 있는 말은 '형용사'가 되는데, 보기에서 ①번은 '동사'예요. 그래서 답은 ①번이에요.

②
- 서윤이가 노래한다.
- 아기가 잠잔다.
- Mike가 수영한다.

→ 승수가 ⬚.

① 일어나다　❷ 일찍　③ 웃다　④ 자라다

왼쪽 박스 속 문장에서 '노래한다, 잠잔다, 수영한다' 이런 말들은 '동사'예요. 그래서 빈칸에 들어갈 수 있는 말은 '동사'인데, 보기에서 ②번 '일찍'은 부사이기 때문에 다른 성질의 낱말이 돼요.

③
- 한준이가 열심히 운동한다.
- 말이 빠르게 달린다.
- 태양은 매우 뜨겁다.

→ 개미는 ⬚ 작다.

① 아주　② 정말로　③ 너무　❹ 귀여운

'열심히, 빠르게, 매우' 이런 말들은 '부사'에 속하는 것들이에요. 따라서 빈칸에 들어갈 수 있는 말은 '부사'인데, 보기에서 ④번 '귀여운'은 상태/성질/모양을 나타내는 '형용사'이기 때문에 성질이 다른 낱말로, 정답은 ④번이 돼요.

'품사'를 도대체 왜 알아야 할까요?

이렇게공부해요 보충수업이에요. 앞으로 배울 내용과 연관되어 있으니 천천히 소리 내어 읽어보면서 이해합니다.

영어 문장을 만들 때 이 '품사 개념'이 아주 중요해요. '품사'를 왜 잘 알아야 하는지 '영어 문장 구성 원리'와 관련시켜 이해해 봐요.

우리말로 '원숭이가 바나나를 먹는다.'라는 문장에서 띄어쓰기 된 낱말들의 순서를 한번 바꿔 보세요.

원숭이가 바나나를 먹는다. →
- 원숭이가 / 먹는다 / 바나나를.
- 바나나를 / 원숭이가 / 먹는다.
- 먹는다 / 바나나를 / 원숭이가.

어때요? 낱말의 순서를 바꾼 문장 중 우리가 이해할 수 없는 문장이 있나요?

네, 없어요. 우리말은 이렇게 낱말의 순서에 크게 영향을 받지 않아요. 왜냐하면, 우리말에는 '조사'라고 하는 특별한 말이 붙어 있기 때문이에요. '조사'란 '은/는/이/가' 또는 '을/를/에게' 같은 말을 부르는 이름이에요. 영어에는 우리말의 '조사' 같은 말이 전혀 없어요. 대신에 영어는 우리말과 달리 낱말의 '순서(위치)'가 아주 중요해요. 아래 '영어 문장 구성 원리'인 〈N-V-N(엔브이엔) 원리〉를 보면 그걸 알 수 있어요.

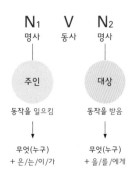

영어 문장의 기초적인 구조는 '동사(Verb)'를 중심으로 왼쪽과 오른쪽에 명사(Noun)가 붙는 형태가 돼요. 동사 왼쪽의 명사 'N①'은 동사의 동작을 일으키는 〈주인〉이 되고, 동사 오른쪽의 명사 'N②'는 동사의 동작을 받는 〈대상〉이 돼요.

이때 왼쪽 '명사'는 우리말로 〈무엇(누구)+은/는/이/가〉가 되고, '동사' 오른쪽의 '명사'는 우리말로 〈무엇(누구)+을/를/에게〉가 돼요.

예를 들어, 'monkey+eat+banana'의 순서로 낱말이 나열되면, 우리말로 〈원숭이가+먹는다+바나나를〉, 이런 의미가 되고요. 말의 순서가 바뀌어 'banana+eat+monkey'로 낱말이 나열되면, 〈바나나가+먹는다+원숭이를〉처럼 괴상한 말이 돼요.

그런데 이렇게 낱말의 순서가 중요한데 엉뚱한 말이 오면 어떻겠어요? 예를 들어, '동사 eat' 자리에 '명사 monkey'가 오면 말이 안 되겠죠. 즉, 영어는 어떤 자리(위치)에 어떤 품사가 와야 하는지가 굉장히 중요하기 때문에 이 '품사에 대한 개념'을 확실히 갖고 있어야 한답니다! 👨

MꓵH 놀이
▶ 개념 영문법

3

영어 문장은 어떻게 만드는 거예요?

3
영어 문장은 어떻게 만드는 거예요?

📅 공부한 날. _____월 _____일 _____요일

이렇게 공부해요. 소리 내어 읽어보며 이해합니다. 선생님이 읽어주는 녹음 파일을 들어보면 더 좋습니다.

지금까지 '뿌리 문장'과 '품사'의 개념에 대해 배웠어요. 이번 시간에는 실제 영어 문장을 한번 만들어 보려고 해요. 영어 문장을 만들려면 '영어 문장 구성 원리'와 '문장 규칙 세 가지'를 알아야 해요. '영어 문장 구성 원리'는 지난 시간에 〈조금 더 알아봐요!〉에서 살펴봤지요?

자, 영어 문장을 만들려면 어디서부터 출발하는 게 좋을까요? 네, 바로 '뿌리 문장'을 가지고 시작하는 게 좋겠어요. 그 중에서도 (1)번 '무엇이(누가) 어찌하다.'가 가장 기초적인 형태인데, '영어 문장 구성 원리'에서 보자면, 아래처럼 점선 박스로 표시된 부분이에요.

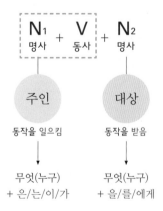

이 '무엇이 어찌하다.'는 '어떤 주인(주체)이 어떤 동작을 한다.'는 의미예요. 예를 들어, 'monkey(원숭이)'라는 명사와 'eat(먹다)'라는 동사가 있어요. 아래와 같이 monkey를 왼쪽에, eat을 오른쪽에 쓰고 띄어쓰기를 하면, '원숭이가 먹는다.'는 가장 기초적인 형태의 의미가 만들어져요.

왼쪽의 '무엇이(누가)'라는 주인 부분을 '주어'라고 부르고, 오른쪽 '어찌하다'로 움직임을 나타내는 부분을 '서술어'라고 불러요. 그래서 'monkey'는 주어가 되고, 'eat'은 서술어가 돼요.

하지만 'monkey eat'란 단어 나열이 '완전한 문장'이 된 건 아직 아니에요. 반드시 '세 가지 문장 규칙'에 맞춰 올바로 써줘야 하는데, 이번 쌤놀이에서는 이 세 가지 문장 규칙에 대해 배워볼 거예요.

그럼 시작해 볼까요? Let's go~!

▶ᴬᶜᵗⁱᵒⁿ ① 문장 규칙 첫 번째

이렇게 공부해요 ✌️소리 내어 읽으면서 이해합니다. ✌️내용을 보면서 선생님이 가르치듯 쌤놀이를 합니다. ✌️확인란에 체크!

바로 앞에서 아래처럼 가장 기초적인 의미 형태를 만들었죠?

monkey + eat

왼쪽에 명사 'monkey'를 쓰고, 오른쪽에 동사 'eat'을 써서

'원숭이가 먹는다'는 의미가 됐어요.

그런데 여기에 '문장 규칙 세 가지'를 올바로 적용해야 한다고 했죠?

이 규칙들을 지금부터 살펴보겠어요.

첫 번째 규칙으로, '명사'는 '단수'나 '복수' 중 알맞은 형태로 써줘야 해요.

'단수'란 한 개를 말하고, 두 개부터는 모두 '복수'라고 해요.

우리말과 달리 영어에서는 단수와 복수 형태의 구별이 엄격해요.

'원숭이'는 그 전체 집합을 나타내는

'monkey'란 말이 있고,

'한 마리의 원숭이'를 나타내는

'a monkey'란 말이 있어요.

영어에서는 이 두 가지가 같지 않아요.

monkey ≠ a monkey

한 마리를 나타내면 반드시 'a monkey'라고 써줘야 하고,

두 마리 이상이면 'monkeys'라는 형태로 써줘야만 해요.

소리 내어 읽었나요? 1회 ☐ 2회 ☐ 쌤놀이를 했나요? Yes ☐ No ☐

Action ② 문장 규칙 두 번째

이렇게 공부해요   ✌ 소리 내어 읽으면서 이해합니다.   ✌ 내용을 보면서 선생님이 가르치듯 쌤놀이를 합니다.   ✌ 확인란에 체크!

두 번째 규칙은, '주어와 서술어의 수를 반드시 일치시킨다.'예요.

이 '주어와 서술어의 수 일치' 법칙은 다음과 같아요.

① 주어가 단수 명사 이면 → 동사도 단수 동사 를 써야 하고,

② 주어가 복수 명사 이면 → 동사도 복수 동사 를 써야 해요.

이 법칙을 아래 'S — No-S 패턴'에 따라 써줘야 해요.

① 주어가 단수 명사 일 때,

> 주어인 단수 명사 끝에는 's'가 붙지 않고,
> 서술어인 단수 동사 끝에 's'가 붙게 돼요.

② 주어가 복수 명사 일 때,

> 주어인 복수 명사 끝에 's'가 붙게 되고,
> 서술어인 복수 동사 끝에는 's'가 붙지 않아요.

이 패턴을 간단히 표로 정리하면 다음과 같아요.

〈주어〉	〈서술어〉	
단수 명사	단수 동사	
No-S	S	→ 왼쪽 주어 끝에 's'가 없으면 오른쪽 동사 끝에 's'가 나타나고,
복수 명사	복수 동사	
S	No-S	→ 왼쪽 주어 끝에 's'가 있으면 오른쪽 동사 끝에 's'가 없어요.

☑
소리 내어 읽었나요? 1회 ☐ 2회 ☐ 쌤놀이를 했나요? Yes ☐ No ☐

▶ Action ❸ **문장 규칙 세 번째**

이렇게공부해요 ✌ 소리 내어 읽으면서 이해합니다. ✌ 내용을 보면서 선생님이 가르치듯 쌤놀이를 합니다. ✌ 확인란에 체크!

그럼 첫째와 둘째 규칙을 'monkey eat' 형태에 적용시켜 볼까요?

① 주어가 '단수 명사'일 때 ➡ a monkey eats (한 마리의 원숭이가 먹는다.)

  ↳ 동사 끝에 's'가 붙어요.

② 주어가 '복수 명사'일 때 ➡ monkeys eat (원숭이들이 먹는다.)

  ↳ 주어 끝에 's'가 붙어요.

이제 마지막으로 다음 세 번째 문장 규칙을 꼭 지켜야만 해요.

> 문장 첫 단어의 첫 글자는 반드시 '대문자'로 쓰고,
> 문장 끝에는 반드시 마침표(.)나 물음표(?), 느낌표(!)를 찍어요.

왜 이렇게 하냐면, '앞뒤 다른 문장들과 구별하기 쉽게 하기 위해서'예요.

드디어 우리의 '첫 영어 문장'을 완성했어요. 한번 볼까요?

> A monkey eats. (한 마리의 원숭이가 먹는다.)
> Monkeys eat. (원숭이들이 먹는다.)

어때요! 어렵지 않지요? 🐵

소리 내어 읽었나요? 1회 ☐ 2회 ☐ 쌤놀이를 했나요? Yes ☐ No ☐

▲▲H 놀이 확인문제

☞쌤놀이 내용을 떠올리며 빈칸을 채워봅니다. ☞쌤놀이 내용을 참고해도 됩니다. ☞답 확인 후 소리 내어 읽어보세요.

빈칸에 들어갈 알맞은 말을 써보세요.

1 기본 문장은 하나의 ① ☐☐ 와 하나의 ② ☐☐☐ 로 구성돼요.

주어는 ③ ☐☐ 재료를 쓰고, 서술어는 ④ ☐☐ 재료를 쓰죠.

2 명사를 쓸 때는 그 수가 ① ☐☐ 인지 ② ☐☐ 인지 꼭 구별해요.

예를 들어, 'monkey'란 명사가 있을 때,

단수이면 '③ ☐☐☐☐☐☐☐ '로,

복수이면 '④ ☐☐☐☐☐☐☐☐ '로 써야 해요.

3 주어와 동사의 ① ☐ 는 반드시 일치시켜야 해요.

주어가 단수 명사면 동사도 ② ☐☐ 동사를,

주어가 복수 명사면 동사도 ③ ☐☐ 동사를 써요.

〈단수 명사 → 단수 동사〉일 때는 ④ ☐☐ 쪽에 'S'를 붙여주고,

〈복수 명사 → 복수 동사〉일 때는 ⑤ ☐☐ 쪽에 'S'를 붙여줘요.

4 (1) 문장의 첫 단어 첫 글자는 ① ☐☐☐ 로 써요.

(2) 문장 ② ☐ 에는 마침표(.)나 물음표(?), 느낌표(!)를 찍어요.

익힘 문제

A '세 가지 문장 규칙'을 생각하며 아래 영어 문장에 들어갈 알맞은 말을 고르세요.

① ＿＿＿＿＿＿＿＿ jumps.

① a monkey　　② monkeys　　③ A monkey　　④ Monkeys

② ＿＿＿＿＿＿＿＿ run.

① a rabbit　　② Rabbit　　③ A rabbits　　④ Rabbits

③ A bear ＿＿＿＿＿＿＿

① eat　　② eats　　③ Eat.　　④ eats.

B 다음 문장에서 틀린 부분이 딱 한 곳 있어요. 그 한 곳을 고쳐서 올바른 영어 문장으로 써 보세요.

① Dogs barks. (bark: 짖다)

→ ＿＿＿＿＿＿＿＿＿＿＿＿＿＿＿＿＿＿＿＿＿＿＿＿＿＿＿＿＿＿

② A Cat hides. (hide: 숨다)

→ ＿＿＿＿＿＿＿＿＿＿＿＿＿＿＿＿＿＿＿＿＿＿＿＿＿＿＿＿＿＿

③ Girl walk. (walk: 걷다)

→ ＿＿＿＿＿＿＿＿＿＿＿＿＿＿＿＿＿＿＿＿＿＿＿＿＿＿＿＿＿＿

C 다음 예시처럼 ☐ 안에 주어진 단어를 이용하여 기초 영어 문장을 만들어 보세요.

cat	eat

(1) 고양이가 먹는다.   → A cat eats.

(2) 고양이들이 먹는다. → Cats eat.

❶

dog	run

⑴ 개가 달린다.   → _____

⑵ 개들이 달린다. → _____

❷

bird	sing

⑴ 새가 노래한다.   → _____

⑵ 새들이 노래한다. → _____

❸

boy	shout

⑴ 소년이 소리친다.   → _____

⑵ 소년들이 소리친다. → _____

❹

girl	dance

⑴ 소녀가 춤춘다.   → _____

⑵ 소녀들이 춤춘다. → _____

익힘 문제풀이

✌️ 정답과 풀이를 보며 채점을 합니다. ✌️ 틀렸거나 헷갈리는 문제는 해설을 읽어보고 쌤놀이로 설명해봅니다. ✌️ 모든 문제의 해설을 읽어보면 복습에 큰 도움이 됩니다.

▶️ 풀이

문제 A는 영어 문장의 정확한 형태를 물어보는 문제예요. 1번에서는 '주어'가 필요한데요. 주어인 명사가 단수인지 복수인지 밝혀야 하고, 또 문장 첫 단어의 첫 글자는 대문자로 써줘야 하죠. 일단 대문자로 시작하는 단어는 ③번과 ④번인데, 동사 쪽을 보니까 끝에 's'가 붙어서 단수예요. 그렇다면 주어도 단수 명사를 써줘야 하니까 한 마리의 원숭이를 나타내는 ③번 'A monkey'가 정답이 돼요.

2번 문제도 주어가 필요한 상황이에요. 동사를 보니까 이번에는 동사 끝에 's'가 없는 복수 동사라서 주어도 복수 명사를 써줘야 해요. 따라서 보기 중에 두 마리 이상을 나타내는 ④번 'Rabbits'가 정답이 된답니다.

3번 문제는 동사가 필요한 경우인데요, 일단 주어 쪽이 단수 명사죠? 그래서 동사도 단수 동사가 필요해서 'eats' 형태가 되겠지만, 또 올바른 문장이 되려면 마침표를 꼭 찍어줘야 하니까 정답은 ④번 'eats.'가 돼요.

▶️ 풀이

문제 B는 잘못된 곳을 찾아 바르게 고쳐 써야 해요. 1번에서 주어는 복수 명사(Dogs)인데 동사가 단수 형태이지요? 따라서 동사 부분도 복수 동사 형태로 고쳐야 해요. 'barks'에서 's'를 빼서 복수 동사로 써주면 돼요.

A '세 가지 문장 규칙'을 생각하며 아래 영어 문장에 들어갈 알맞은 말을 고르세요.

❶ ＿＿＿＿＿＿＿＿ jumps.

   ① a monkey   ② monkeys   ❸ A monkey   ④ Monkeys

❷ ＿＿＿＿＿＿＿＿ run.

   ① a rabbit   ② Rabbit   ③ A rabbits   ❹ Rabbits

❸ A bear ＿＿＿＿＿＿＿＿

   ① eat   ② eats   ③ Eat.   ❹ eats.

B 다음 문장에서 틀린 부분이 딱 한 곳 있어요. 그 한 곳을 고쳐서 올바른 영어 문장으로 써 보세요.

❶ Dogs barks. (bark: 짖다)

   → Dogs bark. ＿＿＿＿＿＿＿＿＿＿＿＿＿＿＿＿＿＿＿＿＿＿＿＿

② A Cat hides. (hide: 숨다)

→ A cat hides.

③ Girl walk. (walk: 걷다)

→ Girls walk.

첫 단어의 첫 글자인 'A'만 대문자이면 되는데, 그 뒤 'Cat'도 첫 글자가 대문자로 써져 있어요. 따라서 'Cat'를 'cat'으로 고쳐야 올바른 영어 문장이 돼요.

일단 주어인 명사가 단수인지 복수인지 정확하지 않아요. 동사 쪽은 's'가 없는 복수 동사니까 주어 쪽도 복수 명사를 써줘야 해요. 따라서 'Girl'을 'Girls'로 고치면 돼요. 한 곳만 고쳐야 하니까요!

C 다음 예시처럼 ☐ 안에 주어진 단어를 이용하여 기초 영어 문장을 만들어 보세요.

① ☐ dog ☐ run ☐

(1) 개가 달린다. → A dog runs.

(2) 개들이 달린다. → Dogs run.

② ☐ bird ☐ sing ☐

(1) 새가 노래한다. → A bird sings.

(2) 새들이 노래한다. → Birds sing.

③ ☐ boy ☐ shout ☐

(1) 소년이 소리친다. → A boy shouts.

(2) 소년들이 소리친다. → Boys shout.

④ ☐ girl ☐ dance ☐

(1) 소녀가 춤춘다. → A girl dances.

(2) 소녀들이 춤춘다. → Girls dance.

▶ 풀이

'dog'와 'run'을 가지고, 단수 주어 'a dog'와 복수 주어 'dogs'일 때 단수와 복수 동사를 맞춰서 쓰고, 또 대문자와 마침표 규칙으로 마무리를 하면 돼요.

'bird'와 'sing'으로 단수 주어일 때와 복수 주어일 때 문장을 만들어 보면 돼요.

명사 'boy'와 동사 'shout'로 단수와 복수 주어일 때 이와 같이 문장을 만들 수 있어요.

'girl'과 'dance'로 단수 주어일 때와 복수 주어일 때 문장 규칙 세 가지를 따라 이와 같이 쓰면 돼요.

더 멋진 영어 문장을 만들기 위한
문법의 다섯 가지 원리

보충수업이에요. 앞으로 배울 내용과 연관되어 있으니 천천히 소리 내어 읽어보면서 이해합니다.

앞에서 '나의 첫 영어 문장'을 만들어봤어요. 이제 그 정도 문장은 단어만 알면 쉽게 만들 것 같아요. 그런데 주어와 동사(서술어)만 달랑 있으니까 좀 지루하죠? 그런 단순한 수준 말고 좀 더 풍부한 영어 문장을 만들려면 어떻게 해야 할까요?

중력의 원리로 지구상의 물체가 항상 아래로 떨어지듯, 문법에도 '문장에 항상 적용되는 원리'들이 있어요. 이런 원리들을 잘 알수록 더 풍부한 영어 문장을 만들 수 있답니다. 이번 보충수업에서 그런 원리들을 살펴보겠어요.

〈문법의 다섯 가지 원리〉

① 꾸밈 = 수식의 원리

Add
더하기

머리를 예쁜 리본으로 장식하면 얼굴이 더 예뻐 보이지요. 이렇게 뭔가를 더해서 장식하는 것을 '꾸며준다'라고 하고, 문법에서는 이를 '수식해준다'라고 얘기해요.

"예쁜 리본 장식"처럼 문장 안에서도 꾸며주는 경우가 있어요. 즉, 어떤 낱말에 다른 말을 더해서 그 낱말을 더 자세히 설명해주는 것, 이런 원리를 '꾸밈 또는 수식의 원리'라고 해요.

예1 ① 컵 ➡ <u>빨간 큰</u> 컵

▶ 어떤 컵이 있는데, '빨간'과 '큰'이라는 낱말들을 더해서 그 컵을 '수식'해 줄 수 있어요. 이렇게 그 컵을 꾸며줘서 더 자세히 설명해주면 다른 컵들과 쉽게 구별할 수 있어요.

② 강아지가 먹는다. ➡ <u>작고 귀여운</u> 강아지가 <u>빨리</u> 먹는다.

▶ '작고 귀여운'이란 말을 더해서 '어떤' 강아지인지 꾸며주고, 또 '빨리'라는 말을 더해서 '어떻게' 먹는지 수식을 해주고 있어요.

❷ 겹침 = 중복 활용의 원리

overlap
겹치기

학예회 때 연극을 준비해서 발표하기도 하죠? 그럴 때 역할을 맡을 사람이 모자라면 어떻게 하나요? 그때는 한 사람이 여러 역할을 맡아 '겹치기 출연'을 하는 수밖에 없죠. 이 장면에서는 사자 역할을 했다가 저 장면에서는 나무가 되기도 해요. 말에서도 어떤 말은 여러 가지 역할을 맡는 경우가 있어요. 똑같은 형태지만 이 문장과 저 문장에서는 역할이 각각 달라요. 이렇게 같은 말이 다른 역할을 겹쳐서 맡을 수 있는 원리를 '겹침, 즉 중복 활용의 원리'라고 해요.

예1 ① 오늘은 지원이의 열두 번째 생일이다. → 〈오늘〉이 '주어'로 쓰이며, 품사는 '명사'임.

② 우리는 그 일을 오늘 **끝냈다**. → 〈오늘〉이 동사를 꾸며주며, 이때 품사는 '부사'가 됨.

예2 ① 내 평생은 신기한 일들로 가득차 있다. → 〈평생〉이 '주어'로 쓰이며, 품사는 '명사'임.

② 그는 그 일을 평생 **해왔다**. → 〈평생〉이 동사를 꾸며주며, 품사는 '부사'가 됨.

❸ 넓힘 = 확장의 원리

stretch
늘리기

이 원리는 낱말이 하나였던 부분에 정보를 더 많이 담아 늘리거나, 또는 낱말을 추가해서 문장을 넓히는 경우를 말해요. 첫 번째 '꾸밈(수식)의 원리'와 비슷한 면이 있지만 조금 달라요.

예1 한 낱말을 〈말 덩어리 구절〉로 늘리는 경우

그 원숭이의 소원은 <u>바나나</u>이다.

→ 그 원숭이의 소원은 **맛있는 바나나를 즐겁게 먹는 것**이다.

 ➤ '바나나' 한 단어를 바나나가 들어간 말 덩어리로 늘림.

→ 그 원숭이의 소원은 **가족이 함께 모여 맛있는 바나나를 즐겁게 먹는 것**이다.

 ➤ 말 덩어리가 더욱 늘어난 경우.

예2 낱말을 추가해서 넓히는 경우

Brian은 공부한다.

→ Brian은 <u>도서관에서 매일 즐겁게</u> 공부한다.

 ➤ '어디에서, 언제, 어떻게' 공부하는지 추가함.

→ Brian은 <u>도서관에서 매일 즐겁게 영어를</u> 공부한다.

 ➤ '영어를'을 넣어서 '무엇을' 공부하는지 그 '대상'까지 추가함.

❹ 바꿈 = 교체의 원리

swap
바꾸기

똑같은 말을 자꾸 반복하면 지루해지잖아요. 우리말은 반복되는 말에 대해 조금 참아주는 편인데, 영어에서는 말을 반복하는 걸 아주 싫어해요. 그래서 앞에 나온 말을 간단한 말로 곧바로 바꿔줘야 해요.

'바꿈(교체)의 원리'는 앞에 나온 말을 간단한 말로 교체하거나 같은 말을 다른 말로 바꿔서 지루함을 덜어주는 원리를 말해요.

예 Sam, Brent, Tony, Jimmy는 친구다.

Sam, Brent, Tony, Jimmy는 늘 같이 논다.

Sam, Brent, Tony, Jimmy는 행복하다.

➡ <u>Sam, Brent, Tony, Jimmy는</u> 친구다.

<u>그들은</u> 늘 같이 논다.

<u>그들은</u> 행복하다.

➤ '여러 사람의 이름을 똑같이 계속 반복하면 짜증스러움. 반복되는 이름 부분을 '그들'이라는 간단한 말로 바꿔 표현해 줄 수 있음.

❺ 이음 = 연결의 원리

말을 이어서 중복된 부분을 줄이거나, 생각을 논리적으로 연결하는 원리를 '이음(연결)의 원리'라고 해요.

connect
연결하기

예1 **연결로 중복된 말을 줄여주는 경우**

우리 이모네 강아지는 작다.

우리 이모네 강아지는 귀엽다.

우리 이모네 강아지는 사랑스럽다.

➡ 우리 이모네 강아지는 <u>작고, 귀엽고, 사랑스럽</u>다.

예2 **연결로 두 문장 간의 논리를 표현하는 경우**

철수는 공부를 좀 못한다. 철수는 마음씨가 좋다.

➡ 철수는 공부를 좀 <u>못하지만</u> 마음씨가 좋다.

자, 지금까지 문법의 '다섯 가지 원리'를 살펴봤어요.

이제 이 '다섯 가지 원리'를 이용해서 풍부한 문장 만드는 법을 하나씩 배워보도록 합시다~

MH 놀이
▶ 개념 영문법

4

'수식한다, 꾸며준다'는 게 정확히 무슨 말이에요?

4

'수식한다, 꾸며준다'는 게
정확히 무슨 말이에요?

📅 공부한 날. ∿∿∿∿∿ 월 ∿∿∿∿∿ 일 ∿∿∿∿∿ 요일

이렇게 공부해요 소리 내어 읽어보며 이해합니다. 선생님이 읽어주는 녹음 파일을 들어보면 더 좋습니다.

먼저 이야기 하나 들어볼까요? '컵'과 '빨간 큰 컵' 이야기예요.

엄마가 거실에서 주방에 있는 민수에게 외쳤어요.

"민수야, 컵 좀 가져와라~"

주방에는 여러 컵들이 놓여 있었어요. 그래서 민수가 외쳤어요.

"무슨 컵?~"

그러자 엄마는 "큰 컵~"하고 소리쳤어요.

그런데 큰 컵이 몇 개나 있는 거예요. 파란 컵, 노란 컵, 빨간 컵... 그래서 민수가 또 물었어요. "어느 큰 컵?~"

그러자 엄마는 신경질을 내면서, "아 참, 딱딱 못 알아들어? 빨간 큰 컵 좀 갖고 와, 빨랑~"

민수도 억울한 듯 얘기했어요. "아 정말, 엄마는... 처음부터 제대로 얘기 해줘야 할 거 아냐!~"

엄마가 처음부터 '빨간 큰 컵'이라고 말했으면 민수가 금방 알아들었겠죠?

이렇게 '컵'이라는 명사에 '빨간'과 '큰' 같은 형용사들을 더해서 그 컵을 더

자세히 말할 수가 있어요.

컵   큰 컵   빨간 큰 컵

'빨간 큰 컵'처럼 '어떤 낱말에 다른 말을 더해서 더 자세히 말해주는 것'을 '꾸며준다, 수식한다'라고 해요.

'나의 첫 영어 문장' 기억나나요? 명사와 동사, 두 가지 재료만 써서 '무엇이(누가) 어찌하다.', 즉 '한 주인공이 어떤 행동을 한다.'는 뜻을 표현했어요. 그런데 '주어(명사)'와 '서술어(동사)'만 달랑 있으니까 좀 지루해요. 이 두 가지 재료만으로는 우리가 하고 싶은 말을 다 표현할 수가 없어요.

이번 시간에는 문법의 원리 중 '꾸밈(수식)의 원리'를 이용해서 좀 더 풍부한 영어 문장을 만들어볼 거예요. 이 '수식(꾸밈)'에 이용할 낱말 재료는 '형용사'와 '부사'예요.

자, 그럼 형용사와 부사가 어떻게 꾸며준다는 건지, 한번 볼까요?

 놀이

이렇게 공부해요 ✌소리 내어 읽으면서 이해합니다. ✌내용을 보면서 선생님이 가르치듯 쌤놀이를 합니다. ✌확인란에 체크!

지난 시간에 '나의 첫 영어문장'을 만들어봤는데요,

단어 재료가 명사와 동사, 딱 두 가지뿐이어서 표현이 좀 심심했어요.

이번 시간에는 '형용사'와 '부사'를 추가해서 좀 더 풍부한 문장을 만들어보겠어요.

'형용사'는 어떤 대상의 '상태, 성질, 모양'을 묘사해주는 말인데, 여기서

'어떤 대상'은 바로 '명사'예요. 예를 들어, 'monkey'라는 명사가 있을 때,

'quick'이라는 형용사로 그 원숭이를 더 자세히 말해줄 수 있어요.

이렇게 '더 자세히 말해주는 것'을 '수식한다, 꾸며준다'라고 해요.

명사

monkey(원숭이)

↓

a monkey(원숭이 한 마리)

↓

a quick monkey(재빠른 원숭이 한 마리)

↳ 수식하는 말: 형용사

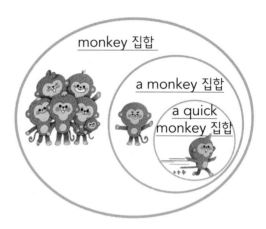

형용사란?	명사의 상태, 성질, 모양을 묘사해주는 말이에요.
하는 일은?	명사 앞에서 명사를 더 자세히 설명해줘요. 즉, 명사를 수식하는 일을 해요.

소리 내어 읽었나요? 1회 ☐ 2회 ☐ 쌤놀이를 했나요? Yes ☐ No ☐

쌤놀이 ▶ Action ② 동사를 수식하는 부사

이렇게공부해요 ✌소리 내어 읽으면서 이해합니다. ✌내용을 보면서 선생님이 가르치듯 쌤놀이를 합니다. ✌확인란에 체크!

기초 문장의 두 가지 재료는 '명사'와 '동사'였는데, 명사는 '형용사'가 맡아서

더 자세히 말해줬어요(수식). 그럼 동사는 그렇게 더 자세히 해주는 말이 없을까요?

물론 있어요. 동사도 옆에서 더 자세히 도와주는 말이 있어요.

예를 들어, 'eat(먹다)'라는 동사가 있을 때, 먹는 동작을 '어떻게' 하는지,

'quickly(빨리), slowly(천천히)' 등으로 다양하게 표현할 수 있어요.

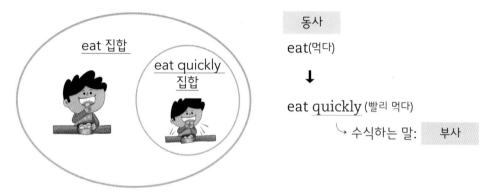

이때, 'quickly'와 같이 동사가 '어떻게' 동작을 하는지

뜻이 분명해지도록 옆에서 돕는 말이 바로 '부사'예요.

부사란?	동사가 어떻게 동작하는지 묘사해주는 말이에요.
하는 일은?	동사 뒤에서 동사를 더 자세히 설명해줘요. 즉, 동사를 수식하는 일을 해요.

☑
소리 내어 읽었나요? 1회☐ 2회☐ 쌤놀이를 했나요? Yes☐ No☐

Action 3 수식 문장 만들기

그럼 이제 형용사와 부사의 수식 개념을 정리해봐요.

형용사, 부사는 둘 다 '어떤 말의 앞 또는 뒤에 보태져서 더 자세해지도록

도와주는 일'을 해요. 그걸 다른 말로 '꾸며준다, 수식한다'라고 해요.

이때 형용사는 '명사'를, 부사는 '동사'를 아래와 같이 도와주는 거예요.

<table>
<tr><td>형용사는 명사 앞에서
명사를 수식해요.</td><td>부사는 동사 뒤에서
동사를 수식해요.</td></tr>
<tr><td></td><td>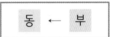</td></tr>
</table>

예 ① a quick monkey
　　(재빠른)

② a slow monkey
　(느린)

③ a quiet monkey
　(조용한)

④ a loud monkey
　(시끄러운)

예 eat quickly
　(빨리)

eat slowly
(느리게)

eat quietly
(조용히)

eat loudly
(시끄럽게)

자, 그럼 명사와 동사만 있던 기초 영어 문장에 형용사, 부사를 추가해서

좀 더 '풍부한' 문장을 한번 만들어 볼까요?

① A quick monkey eats quickly. (재빠른 원숭이가 빨리 먹는다.)

② A slow monkey eats slowly. (느린 원숭이가 느리게 먹는다.)

③ A quiet monkey eats quietly. (조용한 원숭이가 조용히 먹는다.)

④ A loud monkey eats loudly. (시끄러운 원숭이가 시끄럽게 먹는다.)

✅H 놀이 확인문제

✌쌤놀이 내용을 떠올리며 빈칸을 채워봅니다. ✌쌤놀이 내용을 참고해도 됩니다. ✌답 확인 후 소리 내어 읽어보세요.

빈칸에 들어갈 알맞은 말을 써보세요.

영어 문장을 더 풍부하게 만들어주는 문법의 다섯 가지 원리

1 ① ☐☐ 의 원리 : 어떤 말을 더해서 다른 말을 더 자세히 설명해주는 원리

② ☐☐ 의 원리 : 같은 말이 다른 역할을 겹쳐서 맡을 수 있는 원리

③ ☐☐ 의 원리 : 더 복잡한 정보를 담을 수 있도록 말을 넓혀주는 원리

④ ☐☐ 의 원리 : 더 간단한 말이나 다른 말로 교체해주는 원리

⑤ ☐☐ 의 원리 : 문장을 이어서 말을 줄이거나 생각을 논리적으로 연결해주는
원리

2 어떤 것에 정보를 보태서 더 ① ☐☐☐ 말해주는 것을 '꾸며준다, 수식한다'
라고 해요.

'수식'은 문장을 ② ☐☐ 하게 만들 수 있는 좋은 수단이에요.

형용사의 명사 수식

3 '상태, 성질, 모양'을 나타내는 말인 ① ☐☐☐☐ 가 ② ☐☐☐ 에
쓰여서 명사를 더 자세히 설명해주는 것을 말해요.

예 a monkey → a quick monkey

↳ 명사를 수식하는 형용사

부사의 동사 수식

4 동사가 '어떻게' 동작을 하는지 말해주는 ① ☐☐ 가 ② ☐☐☐ 에
쓰여서 동사를 더 자세히 설명해주는 것을 말해요.

예 eat → eat quickly

↳ 동사를 수식하는 부사

정답: **1.** ① 꾸밈 ② 겹침 ③ 넓힘 ④ 바꿈 ⑤ 이음 **2.** ① 자세히 ② 풍부 **3.** ① 형용사 ② 명사 **4.** ① 부사 ② 동사

익힘
문제

문제를 풀 때 절대 페이지를 넘겨보지 마세요!(쌤놀이 해설이 있음)

100점 맞기 위해서가 아니라 뭘 모르는지 알기 위해 문제를 풀어보는 거랍니다.^^

공부한 날. ＿＿＿ 월 ＿＿＿ 일 ＿＿＿ 요일

A 주어진 단어를 '수식'할 수 있는 말을 <u>모두</u> 고르세요.

① man (남자)

① very (매우)　　② big (큰)　　③ slowly (천천히)　　④ rich (부유한)

② walk (걷다)

① quickly (재빨리)　② good (좋은)　　③ jump (뛰어오르다)　④ girl (소녀)

B 주어진 단어가 '수식'할 수 있는 말을 <u>모두</u> 고르세요.

① hungry (배고픈)

① run (달리다)　　② fox (여우)　　③ mouse (생쥐)　　④ old (늙은)

② kindly (친절히)

① speak (말하다)　② bread (빵)　　③ today (오늘)　　④ woman(여자)

C 다음 문장의 빈칸에 들어갈 가장 알맞은 말을 고르세요.

① A ＿＿＿＿＿＿ girl sings.

① happily　　② run　　③ pretty　　④ very

② A snail moves ＿＿＿＿＿.

① new　　② slowly　　③ tall　　④ swim

D 다음 문장의 빈칸에 들어갈 수 <u>없는</u> 말을 고르세요.

① ＿＿＿＿＿＿ monkeys eat quickly.

① Hungry　　② Very　　③ Small　　④ Cute

68　쌤놀이 개념 영문법 1권

② Grandma cooks _____.

① joyfully　　　② slowly　　　③ well　　　④ quiet

E　[　　　] 안의 단어들을 활용하여 다음 예시처럼 형용사와 부사의 '<u>수식 개념</u>'을 써서 더 풍부한 기초 문장을 만들어 보세요.

> [bird]　[sings]　[happy]　[happily]
>
> 행복한 새 한 마리가 행복하게 노래한다.
>
> → A happy bird sings happily.

❶　[cat]　[walks]　[quiet]　[quietly]

조용한 고양이 한 마리가 조용히 걷는다.

→ _____

❷　[swim]　[boys]　[brave]　[nicely]

용감한 소년들이 멋지게 수영한다.

→ _____

❸　[dances]　[pretty]　[girl]　[joyfully]

한 예쁜 소녀가 즐겁게 춤춘다.

→ _____

❹　[truck]　[slowly]　[heavy]　[moves]

무거운 트럭 한 대가 느리게 움직인다.

→ _____

익힘 문제풀이

이렇게 공부해요

✌ 정답과 풀이를 보며 채점을 합니다. ✌ 틀렸거나 헷갈리는 문제는 해설을 읽어보고 쌤놀이로 설명해봅니다. ✌ 모든 문제의 해설을 읽어보면 복습에 큰 도움이 됩니다.

▶ 풀이

주어진 단어는 명사 'man'인데, 명사를 수식할 수 있는 말은 '형용사'예요. 따라서 형용사인 말을 모두 골라보면 ②번과 ④번이에요.

'walk'는 동사죠. 동사를 수식할 수 있는 말은 '부사'잖아요. 그래서 보기에서 부사를 찾아보면 답은 ①번이 돼요.

A 주어진 단어를 '수식'할 수 있는 말을 <u>모두</u> 고르세요.

① man (남자)

  ① very (매우)   ❷ big (큰)   ③ slowly (천천히)   ❹ rich (부유한)

② walk (걷다)

  ❶ quickly (재빨리) ② good (좋은)   ③ jump (뛰어오르다)④ girl (소녀)

▶ 풀이

주어진 단어 'hungry'는 '형용사'예요. 형용사가 수식할 수 있는 말은 '명사'니까, 보기에서 명사를 고르면 돼요. 그래서 답은 ②번과 ③번이에요.

'kindly'는 부사이고, 부사가 수식할 수 있는 말은 '동사'예요. 그래서 답은 ①번이 돼요.

B 주어진 단어가 '수식'할 수 있는 말을 <u>모두</u> 고르세요.

① hungry (배고픈)

  ① run (달리다)   ❷ fox (여우)   ❸ mouse (생쥐)   ④ old (늙은)

② kindly (친절히)

  ❶ speak (말하다) ② bread (빵)   ③ today (오늘)   ④ woman(여자)

▶ 풀이

이 문장은 '한 소녀가 노래한다.'는 뜻인데, 빈칸에 들어갈 말은 명사 'girl'을 수식해주는 형용사가 돼야 해요. 그래서 답은 ③번 'pretty(예쁜)'가 돼요.

이 문장은 '한 달팽이가 움직인다.'는 뜻인데, 어떻게 움직이는지 동사 뒤쪽에서 수식하는 말, 즉 부사가 필요해요. 그래서 보기 중에 부사를 찾아보면 ②번 slowly(느리게)가 답이에요.

C 다음 문장의 빈칸에 들어갈 가장 알맞은 말을 고르세요.

① A _____ girl sings.

  ① happily   ② run   ❸ pretty   ④ very
  행복하게   달리다   예쁜   매우

② A snail moves _____.

  ① new   ❷ slowly   ③ tall   ④ swim
  새로운   천천히   키가 큰   수영하다

D 다음 문장의 빈칸에 들어갈 수 <u>없는</u> 말을 고르세요.

① _____ monkeys eat quickly.

   ① Hungry   ❷ Very   ③ Small   ④ Cute
     배고픈   매우   작은   귀여운

② Grandma cooks _____.

   ① joyfully   ② slowly   ③ well   ❹ quiet
     기쁘게   천천히   잘   조용한

E ☐ 안의 단어들을 활용하여 다음 예시처럼 형용사와 부사의 '<u>수식 개념</u>'을 써서 더 풍부한 기초 문장을 만들어 보세요.

① ☐ cat ☐ walks ☐ quiet ☐ quietly

조용한 고양이 한 마리가 조용히 걷는다.

→ A quiet cat walks quietly.

② ☐ swim ☐ boys ☐ brave ☐ nicely

용감한 소년들이 멋지게 수영한다.

→ Brave boys swim nicely.

③ ☐ dances ☐ pretty ☐ girl ☐ joyfully

한 예쁜 소녀가 즐겁게 춤춘다.

→ A pretty girl dances joyfully.

④ ☐ truck ☐ slowly ☐ heavy ☐ moves

무거운 트럭 한 대가 느리게 움직인다.

→ A heavy truck moves slowly.

▶ 풀이

지금 이 문장의 뜻은 '(어떠)한 원숭이들이 빨리 먹는다.'죠. 그래서 빈칸에 들어갈 수 있는 말은 명사 'monkeys'를 수식하는 형용사인데, ②번 'very'는 부사이기 때문에 답이에요.

이 문장은 '할머니가 요리한다.'는 뜻이죠. 그럼 빈칸에는 어떻게 요리하는지 동사를 꾸며주는 부사가 필요해요. 그런데 ④번 'quiet(조용한)'는 형용사니까 ④번이 답이 돼요.

▶ 풀이

가장 기초 문장은 '명사 + 동사'니까 'A cat walks.'가 되는데, 여기에 형용사 'quiet'와 부사 'quietly'를 올바로 추가하면 'A quiet cat walks quietly.'가 돼요.

'Boys swim.'에서 형용사 'brave'와 부사 'nicely'를 올바른 위치에 추가하면 'Brave boys swim nicely.'란 문장이 만들어져요.

마찬가지로 우선 'A girl dances.'란 문장에서 명사를 수식하는 형용사 'pretty'가 명사 앞에 추가되고, 동사 뒤에 부사 'joyfully'를 써서 더 풍부한 문장을 만들 수 있어요.

'A truck moves.'란 문장에 형용사 'heavy'와 부사 'slowly'를 추가하면 'A heavy truck moves slowly.'가 돼요. 이렇게 형용사와 부사를 더해서 '어떤 트럭이 어떻게 움직이는지' 더 자세히 표현할 수 있게 됐답니다.

happy는 '행복하다'가 아니에요!

한국어 형용사와 영어 형용사의 차이

이렇게 공부해요 보충수업이에요. 앞으로 배울 내용과 연관되어 있으니 천천히 소리 내어 읽어보면서 이해합니다.

두 번째 뿌리 문장이 '무엇이(누가) 어떠하다.'였죠? '무엇이 어떠하다'는 '무엇이 어떤 상태인지' 묘사해주는 문장이에요.

예 Emily는 <u>행복하다</u>. / 치타는 <u>빠르다</u>. / 지구는 <u>둥글다</u>.

우리가 앞에서 '형용사'라는 품사 재료를 알아봤는데요. 형용사란 '명사의 상태, 성질, 모양을 묘사해주는 말'이었어요.

그래서 가만히 보면 '무엇이 어떠하다.'의 "어떠하다"와 '형용사'가 같은 것처럼 느껴져요.

예를 들어, '행복하다'란 단어가 '형용사' 같아요. 그런데 말이죠, 이 말은 반은 맞고 반은 틀렸어요.

그러니까 우리 한국어 문법에서 '행복하다'는 형용사예요. 그런데 영어에서 '행복하다'는 형용사가 아니에요. '행복하다'라는 영어 단어는 없어요.

어? 'happy'란 단어가 '행복하다' 아니에요? 네, 아니에요.

'happy'의 정확한 뜻은 '행복한'이에요. '행복한'이나 '행복하다'나 그게 그거 아닌가요? 아뇨, 비슷하게 보이지만 큰 차이가 있어요.

우리말 형용사 '행복하다'는 혼자서 '서술어' 역할을 할 수 있어요. 또, '행복했다, 행복할 것이다, 행복해서, 행복하였지만, …' 등과 같이 끝부분이 바뀌어서 마치 동사 같은 역할을 해요. 하지만 영어 형용사 'happy'는 절대 서술어로 쓸 수 없어요.

그럼 'Emily는 행복하다.'라는 문장은 어떻게 쓸까요? 궁금하죠? 그것은 나중에 11단원 〈Be동사란 게 구원투수라고요?〉에서 자세히 배울 거예요~ 👨

MH 놀이
▶ 개념 영문법

5

명사 복수형은 무조건 뒤에 'S'만 붙이면 되나요?

5

명사 복수형은 무조건 뒤에
'S'만 붙이면 되나요?

📅 공부한 날. ∧∧∧∧∧∧ 월 ∧∧∧∧∧∧ 일 ∧∧∧∧∧∧ 요일

이렇게 공부해요 소리 내어 읽어보며 이해합니다. 선생님이 읽어주는 녹음 파일을 들어보면 더 좋습니다.

앞에서 명사와 동사, 두 가지로 '기초 영어 문장'을 만들어봤지요? 또, 더 풍부한 문장을 만들기 위해 '문법의 다섯 가지 원리'도 배웠어요. 그 중 첫 번째로 '꾸밈(수식)의 원리'를 문장 속에 담기 위해 형용사와 부사 재료를 추가하는 법을 지난 시간에 익혔어요.

앞으로도 계속 다른 '문법 원리'를 적용해서 더 멋진 영어 문장을 만들어 볼 텐데요, 그 전에 먼저 '명사'와 '동사' 재료의 활용법을 좀 더 배워야 해요. 왜냐하면 명사와 동사는 원래 형태를 조금 변형시켜서 다양한 의미를 표현할 수 있기 때문이에요. 이번 시간에는 '명사 쓰는 법'을 좀 더 확실히 배워볼 거예요.

'명사'는 내용 전달의 중심이 되는 경우가 대부분이기 때문에 문장에서 중요한 품사 재료예요. 일단 명사는 문장의 주어로 쓰이기 때문에 '명사 쓰는 법'을 잘 익히면 보다 다양한 형태의 주어를 쓸 수 있답니다.

그런데 우리 한국말과 영어에서 '명사 쓰는 법'이 많이 달라서 문법 공부를 시작할 때부터 주의해서 알아둬야 해요. 명사는 그 수가 많은 만큼 나누는 종류도 다양해요.

우선은 일반적인 명사와 특별한 명사로 구분을 할 수 있어요. 쌤놀이 본문에서 '보통명사'와 '고유명사'라는 주제로 배울 거예요.

또 명사는 '셀 수 있는 명사'와 '셀 수 없는 명사'로 나누기도 해요. 배울 게 많아서 1권에서는 '셀 수 있는 명사'만 다룰 거예요. 여기서는 셀 수 있는 명사의 쓰기 규칙 두 가지를 배우는데, 단수와 복수의 형태 구분과 '관사'의 개념을 살펴볼 거예요. '관사'는 〈조금 더 알아봐요!〉에서 자세히 설명하니까 꼭 읽어보세요.

마지막으로, 셀 수 있는 명사의 복수형 쓰기 규칙을 배우게 돼요. 우리 한국말의 명사 복수형 쓰기는 그냥 '들'자만 붙이면 되는데, 영어에서 명사 복수 형태의 종류는 다섯 가지나 돼요.(① -s / ② -es / ③ -ies / ④ -ves / ⑤ 불규칙 형태)

그럼 이번 '명사 쓰는 법'을 잘 익혀서 영어 문장에 대한 이해도 넓히고, 다양한 형태의 주어를 쓸 수 있도록 해봅시다~! 👤

▶ Action ① 보통명사와 고유명사

앞에서 명사와 동사로 '무엇이 어찌하다.'라는 기초 문장을 표현해봤고요,

여기에 형용사와 부사 재료를 추가해서 좀 더 풍부한 문장으로 키워봤어요.

이번 시간에는 주어인 '무엇이(누가)' 부분을 다양하게 표현하기 위해

'명사'를 더 자세히 알아보겠어요.

첫 번째로, 명사를 '보통명사'와 '고유명사'로 구분하는 경우를 살펴보려고 해요.

'보통명사'란 같은 종류를 대표해서 보통(일반적으로) 부르는 이름들이에요.

이와 달리, '고유명사'는 어떤 것을 콕 찍어 특별히 붙여진 이름이에요.

보통명사	고유명사
girl(소녀)	Alice(사람 이름)
book(책)	Harry Potter(사람 이름)
city(도시)	London(도시 이름)

'고유명사'는 특별한 이름이기 때문에 항상 첫 글자를 대문자로 써야 해요.

어, 그런데 세상에는 이름이 같은 사람(동명이인)도 많지 않나요?

예를 들어, 'Mary'라는 이름은 굉장히 흔한데 어째서 특별하죠?

네, 'Mary'란 이름을 가진 각 사람은 세상에 하나밖에 없는 특별한 존재예요.

그 특별한 각각의 '사람'을 우연히 'Mary'라는 같은 이름으로 부르게 된 거예요.

비록 이름이 같아도 '특별한 대상'을 가리키기 때문에 '특별'한 거랍니다.

소리 내어 읽었나요? 1회 ☐ 2회 ☐ 쌤놀이를 했나요? Yes ☐ No ☐

Action ② 단수 명사와 관사

이렇게공부해요 👋 소리 내어 읽으면서 이해합니다. ✌️ 내용을 보면서 선생님이 가르치듯 쌤놀이를 합니다. 👌 확인란에 체크!

또, 영어에서는 명사를 '셀 수 있는 명사'와 '셀 수 없는 명사'로 나눠요.

대부분의 명사가 '셀 수 있는 명사'라서 여기서는 그것만 알아볼 거예요.

이 셀 수 있는 명사를 쓸 때는 다음 두 가지 규칙을 꼭 지켜야 해요.

● 셀 수 있는 명사 쓰기 규칙

① 명사가 단수인지 복수인지 형태를 반드시 구분한다.

② 명사가 단수로 쓰일 때 반드시 a, an, the 중 하나를 앞에 붙인다.

'단수'란 한 개를 말하고, 두 개부터는 모두 '복수'라고 했죠?

3단원에서 '문장규칙 세 가지'를 배울 때, 명사는 '단수'나 '복수' 중

알맞은 형태를 써야 한다는 게 있었어요. 우리말과 달리 영어에서는

단수와 복수 형태의 구별이 아주 엄격해요.

다음으로 <a, an, the>라는 건 뭐냐 하면, '관사(article)'라고 부르는 건데,

예를 들어, 'a boy / an apple / the cat'처럼 명사 앞에 붙는 말이에요.

'관(冠)'자는, 왕이 쓰는 모자인 '왕관'이란 말이 있잖아요? 이럴 때 쓰는 '관'자로,

'모자'라는 뜻이에요. 즉 관사란 '모자처럼 쓰이는 말'이라는 의미인데,

모자가 사람의 제일 꼭대기에 오는 것처럼, 이 '관사'라는 낱말은

항상 '단수 명사 제일 앞'에 써줘야 해요. 이번 <조금 더 알아봐요!>에 자세하게

설명되어 있으니까 꼭 읽고 알아두세요.

☑️
소리 내어 읽었나요? 1회 ☐ 2회 ☐ 쌤놀이를 했나요? Yes ☐ No ☐

▶️ Action ③ 명사 복수형 쓰기 규칙

그럼 이제 '셀 수 있는 명사'의 <복수형 쓰기>를 배워봅시다.

● 셀 수 있는 명사 복수형 쓰기 규칙 다섯 가지

① 대부분의 명사 복수형은 단수명사 끝에 's'를 붙여줘요.

   例 book(책) → books, student(학생) → students

② 명사가 -ch, -sh, -s, -ss, -x 로 끝날 때 단수명사 끝에 '-es'를 붙여요.

   (※ 단어 끝이 주로 '스, 즈, 쉬, 취' 등 바람 새는 소리가 남.)

   例 bus(버스) → buses, glass(유리) → glasses, fox(여우) → foxes

③ 명사 끝이 '-자음 + y'일 때는 'y'를 없애고 '-ies'를 붙여요.

   例 baby(아기) → babies, story(이야기) → stories, city(도시) → cities

   ■ '-모음 + y'는 그냥 's'만 써요: boy(소년) → boys, monkey(원숭이) → monkeys

④ 명사 끝이 -f, -fe 일 때는 f/fe를 'v'로 바꾸고 '-es'를 붙여요.

   例 leaf(나뭇잎) → leaves, wolf(늑대) → wolves, knife(칼) → knives

   ■ [예외] -f 로 끝나지만 그냥 's'만 쓰는 경우: chef → chefs, roof → roofs

⑤ 복수형이 불규칙한 명사도 있어요.

복수 형태 자체가 다른 경우	mouse(쥐) → mice / child(아이) → children foot(발) → feet / tooth(치아) → teeth man(남자) → men / woman(여자) → women
단수, 복수 형태가 똑같은 경우	fish(물고기) → fish / deer(사슴) → deer sheep(양) → sheep

자, 이번 시간에는 명사 쓰는 법을 자세하게 알아봤어요.

이제 다양한 주어를 쓸 수 있어서 자신감이 좀 더 생기지 않나요?

▲▲H 놀이 확인문제

👆쌤놀이 내용을 떠올리며 빈칸을 채워봅니다. ✌쌤놀이 내용을 참고해도 됩니다. 🖐답 확인 후 소리 내어 읽어보세요.

빈칸에 들어갈 알맞은 말을 써보세요.

1 ① ☐☐ 명사는 같은 종류를 대표해서 부르는 이름이고,

② ☐☐ 명사는 어떤 것을 콕 찍어 특별히 붙여진 이름이에요.

③ ☐☐ 명사는 특별한 대상에 붙인 이름이라 항상 첫 글자를

④ ☐☐☐ 로 써줘요.

<u>셀 수 있는 명사 쓰기 규칙</u>

2 (1) 명사가 ① ☐☐ 인지 ② ☐☐ 인지 형태를 반드시 구분해요.

(2) 명사가 단수로 쓰일 때 반드시 ③ ☐, ④ ☐☐, ⑤ ☐☐☐ 중

하나를 앞에 붙여요.

<u>셀 수 있는 명사의 복수형 쓰기 규칙</u>

3 (1) 대부분의 명사 복수형은 단수명사 끝에 ① ☐ 를 붙여줘요.

예 book → book<u>s</u>, student → student<u>s</u>

(2) 명사가 -ch, -sh, -s, -ss, -x로 끝날 때 단수명사 끝에 ② ☐☐ 를 붙여요.
(※ 단어 끝이 주로 '스, 즈, 쉬, 취' 등 바람 새는 소리가 남.)

예 bus → bus<u>es</u>, glass → glass<u>es</u>, fox → fox<u>es</u>

(3) 명사 끝이 '-자음 + y'일 때는 'y'를 없애고 ③ ☐☐☐ 를 써줘요.

예 baby → bab<u>ies</u>, story → stor<u>ies</u>, city → cit<u>ies</u>

(4) 명사 끝이 -f, -fe 일 때는 f/fe를 ④ ☐ 로 바꾸고 -es를 써줘요.

예 leaf → lea<u>ves</u>, wolf → wol<u>ves</u>, knife → kni<u>ves</u>

(5) 복수형이 ⑤ ☐☐☐ 한 명사도 있어요.

A 아래 표에서 '보통명사'와 '고유명사'를 구분해서 써보세요.

Brian	holiday	month	New York	food
Christmas	McDonald's	city	boy	December

❶ 보통명사(Common Nouns)	❷ 고유명사(Proper Nouns)
예) boy	

B 다음 명사의 <u>복수형</u>으로 알맞은 형태를 골라 동그라미 표시하세요.

❶ story (storys / stories)

❷ key (keys / keies)

❸ knife (knifes / knives)

❹ roof (roofs / rooves)

❺ man (mans / men)

❻ child (childs / children)

❼ fish (fishes / fish)

❽ photo (photos / photoes)

❾ tomato (tomatos / tomatoes)

❿ brush (brushs / brushes)

C 다음 예시처럼 '수식 개념'과 '복수명사 쓰는 법'을 활용하여 한글 해석에 맞게 더 풍부한 기초 문장을 만들어 보세요. (※주어진 명사를 '복수'로 만들어서 주어로 쓸 것.)

dog	loudly	big	bark

큰 개들이 시끄럽게 짖는다.

→ **Big dogs bark loudly.**

①

cook	chef	great	nicely

훌륭한 요리사들이 멋지게 요리한다.

→ _____

②

happily	run	fox	happy

행복한 여우들이 행복하게 달린다.

→ _____

③

mouse	quietly	hide	small

작은 생쥐들이 조용히 숨는다.

→ _____

④

jump	pretty	rabbit	joyfully

예쁜 토끼들이 즐겁게 뛰어오른다.

→ _____

⑤

greet	child	many	gladly

많은 아이들이 반갑게 인사한다.

→ _____

익힘 문제풀이

이렇게 공부해요

🐰 정답과 풀이를 보며 채점을 합니다. 🐰 틀렸거나 헷갈리는 문제는 해설을 읽어보고 쌤놀이로 설명해봅니다. 🐰 모든 문제의 해설을 읽어보면 복습에 큰 도움이 됩니다.

▶ 풀이

'보통명사'와 '고유명사'를 구분해보는 문제인데, 왼쪽의 보통명사는 어떤 종류를 대표하는 명사이고, 오른쪽의 고유명사는 그 종류 중 특별한 하나의 이름을 나타내고 있어요.

A 아래 표에서 '보통명사'와 '고유명사'를 구분해서 써보세요.

Brian	holiday	month	New York	food
Christmas	McDonald's	city	boy	December

❶ 보통명사(Common Nouns)
holiday (휴일)
month (달, 월)
food (음식)
city (도시)
boy (소년)

❷ 고유명사(Proper Nouns)
Brian (브라이언)
New York (뉴욕)
Christmas (크리스마스)
McDonald's (맥도날드)
December (12월)

▶ 풀이

'자음 + y'로 끝나 'y'를 없애고 'ies'를 붙이는 경우

'모음 + y'로 끝나 그냥 's'만 붙이는 경우

'f/fe'로 끝나 'ves'를 붙이는 경우

'f'로 끝났지만 예외로 그냥 's'만 붙이는 경우

불규칙 복수형인데, 단수와 복수 형태가 다른 경우

역시 불규칙 복수형인데, 단수와 복수 형태가 다른 경우

불규칙 복수형인데, 단수와 복수 형태가 같은 경우

'o'로 끝날 때 's'를 붙이는 경우

'o'로 끝날 때 'es'를 붙이는 경우

B 다음 명사의 **복수형**으로 알맞은 형태를 골라 동그라미 표시하세요.

❶ story 이야기 (storys / (stories))

❷ key 열쇠 ((keys) / keies)

❸ knife 칼 (knifes / (knives))

❹ roof 지붕 ((roofs) / rooves)

❺ man 남자 (mans / (men))

❻ child 어린이 (childs / (children))

❼ fish 물고기 (fishes / (fish))

❽ photo 사진 ((photos) / photoes)

❾ tomato 토마토 (tomatos / (tomatoes))

⑩ brush 붓   (brushs / (brushes))

'ch/sh/s/ss/x'로 끝날 때 'es'를 붙이는 경우

C 다음 예시처럼 '수식 개념'과 '복수명사 쓰는 법'을 활용하여 한글 해석에 맞게 더 풍부한 기초 문장을 만들어 보세요. (※주어진 명사를 '복수'로 만들어서 주어로 쓸 것.)

① | cook | chef | great | nicely |

훌륭한 요리사들이 멋지게 요리한다.

→ Great chefs cook nicely.

② | happily | run | fox | happy |

행복한 여우들이 행복하게 달린다.

→ Happy foxes run happily.

③ | mouse | quietly | hide | small |

작은 생쥐들이 조용히 숨는다.

→ Small mice hide quietly.

④ | jump | pretty | rabbit | joyfully |

예쁜 토끼들이 즐겁게 뛰어오른다.

→ Pretty rabbits jump joyfully.

⑤ | greet | child | many | gladly |

많은 아이들이 반갑게 인사한다.

→ Many children greet gladly.

▶ 풀이

명사 'chef'의 복수형은 'chefs'예요. 형용사는 명사 앞에서 명사를 꾸며주고, 부사는 동사 뒤에서 꾸며 주는 거 기억나지요? 문장의 첫 단어 첫 글자는 대문자로 써주고, 문장 끝에 마침표를 찍어주는 규칙도 잊지 말고요.

명사 'fox'의 복수 형태는 'foxes'예요. 1번에서 설명한 영어 문장 규칙대로 문장을 만들어보면 'Happy foxes run happily.'로 써야 해요.

명사 'mouse'는 불규칙한 복수 형태로 복수형은 'mice'예요. 그래서 주어진 단어들을 문장 규칙에 맞게 써보면 'Small mice hide quietly.'가 돼요.

명사 'rabbit'의 복수형은 그냥 끝에 's'만 붙여주면 돼요. 그래서 한글 해석에 맞는 영어 문장은 'Pretty rabbits jump joyfully.'로 쓰면 돼요.

명사 'child'도 불규칙한 복수 형태를 갖고 있죠. 복수형은 'children'이고 주어진 단어들을 가지고 올바른 영어 문장을 만들어보면 'Many children greet gladly.'가 돼요.

관사는 명사에게 씌어주는 '왕관'이에요~

이렇게공부해요 보충수업이에요. 앞으로 배울 내용과 연관되어 있으니 천천히 소리 내어 읽어보면서 이해합니다.

앞단원에서 잠깐 '관사(article)'란 걸 배웠는데, 좀 더 자세히 알아봅시다.

관사는 a, an, the 단 세 가지 밖에 없어서 품사로 분류하지 않고, 문장 속에서 쓰일 때는 다음 순서대로 써줘야 해요.

● **낱말의 순서 : <관사> + <형용사> + <명사>**

　① a monkey → 관사 + 명사　② a quick monkey → 관사 + 형용사 + 명사

관사는 '부정관사 (a/an)'와 '정관사 (the)'로 나눌 수 있어요. '부정관사'란 긍정/부정할 때 그 부정이 아니고 '정해지지 않은'의 뜻이에요. 그래서 '정해지지 않은 명사를 위한 관사'를 말하는 것이고, '정관사'는 '정해진 명사를 위한 관사'를 의미해요.

● **부정관사 a / an**

'a / an'은 보통명사 '단수형' 앞에 붙여주는 낱말로 '하나의, 어떤'이라는 뜻이에요. 정확하게는 '정해지지 않은 어느 하나, 아무거나 하나'라고 이해하면 돼요.

예 a boy(어떤 한 소년) / a cat(어떤 고양이 한 마리)

● **a와 an의 구별**

"사과은 맛있다. 귤는 새콤하다." 어때요? 좀 이상하죠? '사과은', '귤는'이 아니라 '사과는', '귤은' 이렇게 해야 맞는 거죠. 관사 'an'도 똑같이 발음 때문에 생겨난 거예요. 발음할 때 관사 바로 뒤에 오는 말과 부드럽게 연결하기 위해 쓰여요.

　　　an + 첫 발음이 모음 발음인 낱말

예 an apple / an egg / an orange / an hour → 첫 철자가 'h'이지만 첫 발음은 모음 /a/임.

● **정관사 the**

'그'라는 뜻으로, 앞에서 이미 나온 명사를 다시 쓸 때는 'a/an'을 붙이지 않고 꼭 'the'를 써야 해요. 'the'는 단수형과 복수형에 구별 없이 써줄 수 있어요.

예1 A fat cat sleeps. (한 통통한 고양이가 잠잔다.)

　　The cat sleeps quietly. (그 고양이는 조용히 잠잔다.)

예2 the boy (그 소년) / the boys (그 소년들)

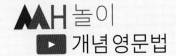

6

동사는 동작만 나타내는 게 아니었어요?

6

동사는 동작만 나타내는 게
아니었어요?

📅 공부한 날. ∧∧∧∧∧∧ 월 ∧∧∧∧∧∧ 일 ∧∧∧∧∧∧ 요일

이렇게 공부해요 소리 내어 읽어보며 이해합니다. 선생님이 읽어주는 녹음 파일을 들어보면 더 좋습니다.

'규칙'이란 걸 처음 배울 땐 귀찮고 복잡해요. 자전거 타기나 수영 같은 걸 시작할 때 보면 이런저런 규칙이 많은데, 어느 순간 익숙해지면서부터는 그런 규칙들을 생각하지 않아도 저절로 규칙에 맞게 잘하고 있는 자신을 발견해요. '덮개, 까닭, 굶다, …' 같은 한글 받아쓰기도 처음엔 쉽지가 않죠. 하지만 계속 반복해서 보다 보면 어느새 안 틀리고 잘 쓰게 되잖아요. 앞 시간의 '명사 쓰기 규칙'도 좀 복잡했지만 자꾸 보면 익숙해져요. 이번 시간에 배울 '동사 쓰기 규칙'도 마찬가지랍니다.

문장에서 동사 재료는 어떤 '움직임, 동작'을 나타내죠. 뿌리 문장 ①번 '무엇이 어찌하다'에서 '어찌하다' 부분을 맡아 무엇이(누가) '어떤 행동을 한다'를 표현해줘요. 그런데 이 동사는 '동작'만 나타내는 게 아니랍니다. 예를 들어, '놀다, 논다(play)'란 말도 있고, '놀았다'는 말도 있잖아요. '놀다, 논다'와 '놀았다'의 차이가 뭐죠? 네, '놀다, 논다'는 '지금 현재' 그러고 있다는 거고, '놀았다'는 '어제 놀았다'처럼 '과거'에 그랬다는 거잖아요.

'과거', '현재', 이런 말들이 뭘 나타내죠? 네, 바로 '시간'이에요. 그러니까 동사는 '동작의 의미'와 함께 '시간을 나타내는 역할'도 같이 겹쳐서 해줄 수 있답니다.

이 시간에 대한 표현을 할 때, '동사'는 자기 모습을 좀 바꿔서 하게 되는데, 그래서 우선 '동사원형'이란 말부터 이해를 해야 돼요. 예를 들어, 사전에는 '먹고, 먹으니, 먹으려고…' 이런 말 대신 '먹다'가 대표로 들어가 있어요. 이 '먹다'를 '기본형' 또는 '동사원형'이라고 해요.

> 동사원형　　모양 변화 없이 그 낱말의 본래 의미만 담고 있는
> 　　　　　　기본 동사 형태 (Base Form)

동사가 시간을 표현할 때, 이 동사원형의 형태에 변화를 주게 돼요. 이번 시간에는 동사로 '현재와 과거 표현하기' 규칙을 배울 거예요.

'명사 쓰는 법'을 통해 '주어'를 더 정확하고 다양하게 표현할 수 있었고, 이제 '동사 쓰는 법'으로 '서술어' 부분을 그렇게 해볼 거예요. 이번 시간에 '동사의 시간 표현'을 잘 익혀서 보다 풍부한 영어 문장을 만들어 봅시다.

자, 힘내서 화이팅~!! 🧑

Action ① 동사의 현재형 쓰기

'명사 복수형 쓰는 법'으로 <주어>를 더 다양하게 표현해봤죠?

이번 시간에는 '동사로 시간 표현하는 법'을 자세히 배우면서

문장에서 <현재와 과거 표현하기>를 익혀보겠어요.

● 동사의 현재형 쓰기

앞에서 배운 'S — No-S 패턴'이 바로 동사의 '현재형 쓰는 법'이에요.

① 단수 주어 → 단수 동사일 때	동사 쪽 동사원형에 's'를 붙여줘요.
② 복수 주어 → 복수 동사일 때	주어(명사) 쪽에 's'가 나타나게 되고, 동사 쪽은 동사원형을 그대로 써줘요.

여기에 '발음의 편리를 위한 규칙'이 다음과 같이 추가돼요.

③ -o, -s, -sh, -ch, -x로 끝나는 단수동사는 '-es'를 붙여줘요. 예 do<u>es</u>(~하다), go<u>es</u>(가다), wash<u>es</u>(씻다), catch<u>es</u>(잡다)
④ '자음 + y'로 끝나는 단수동사는 y를 없애고 '-ies'를 붙여요. 예 fly(날다) → fl<u>ies</u>, cry(울다) → cr<u>ies</u>, study(공부하다) → stud<u>ies</u>

단수 동사 현재형 예문을 몇 개 써보면요.

• A quick monkey <u>eats</u> quickly. (재빠른 원숭이가 빨리 먹는다.)

• The old man <u>washes</u> slowly. (그 나이든 남자는 천천히 씻는다.)

• The sad baby <u>cries</u> loudly. (그 슬픈 아기는 시끄럽게 운다.)

Action ② 동사의 과거형 쓰기

이렇게 공부해요 ✌ 소리 내어 읽으면서 이해합니다. ✌ 내용을 보면서 선생님이 가르치듯 쌤놀이를 합니다. ✌ 확인란에 체크!

● 동사의 과거형 쓰기

① 과거 표현은 동사원형에 '-ed'만 붙여주면 돼요.

② 만약 동사 철자가 '-e'로 끝나면 '-d'만 붙여줘요.

    예) move(움직이다) → move**d**, like(좋아하다) → like**d**

③ '자음 + y'로 끝나는 동사는 y를 없애고 '-ied'를 붙여요.

    예) cry(울다) → cr**ied**, study(공부하다) → stud**ied**

④ 짧은 모음과 자음으로 끝나는 동사는 자음을 추가하고 '-ed'를 붙여요.

    (☞ 몇 개 안 되기 때문에 바로 외우는 게 좋아요.)

    예) stop(멈추다) → stop**ped**, plan(계획하다) → plan**ned**,

    drop(떨어뜨리다) → drop**ped**, jog(조깅하다) → jog**ged**

과거형이 들어간 예문도 몇 개 써보면요.

- The dog jump**ed** happily. (그 개는 행복하게 뛰었다.)

- The snail mov**ed** slowly. (그 달팽이는 천천히 움직였다.)

- The baby cr**ied** loudly. (그 아기는 시끄럽게 울었다.)

- The car stop**ped** quietly. (그 차는 조용히 멈췄다.)

대부분의 동사 '과거형'은 동사원형에 '-ed'를 붙여주면 되는데,

어떤 동사들의 과거형은 불규칙해요. 마치 다른 단어처럼 보여요.

그래서 동사 과거형은 '-ed'를 붙여주는 <규칙동사>와 그렇지 않은

<불규칙동사>로 나눠져요.

☑ 소리 내어 읽었나요? 1회 □ 2회 □ 쌤놀이를 했나요? Yes □ No □

놀이

▶ Action ③ 불규칙동사의 과거형 쓰기

이렇게 공부해요 ✌소리 내어 읽으면서 이해합니다. ✌내용을 보면서 선생님이 가르치듯 쌤놀이를 합니다. ✌확인란에 체크!

● **불규칙동사의 과거형 쓰기**

어떤 동사의 과거형은 불규칙해요. 철자가 아예 다른 경우도 있어요.

이 불규칙동사 과거형은 필수 기초 단어들이기 때문에 꼭 익혀둬야만 해요!

아래에 불규칙동사 과거형의 예를 볼 수 있어요.

동사원형	→	과거형
come 오다		came 왔다
eat 먹다		ate 먹었다
give 주다		gave 주었다
go 가다		went 갔다
hear 듣다		heard 들었다
run 달리다		ran 달렸다
see 보다		saw 봤다
hit 때리다		hit* 때렸다

↘ 어떤 불규칙동사는 '동사원형'과
'과거형'의 형태가 똑같아요.

명사 복수형, 동사 현재형·과거형, 불규칙동사까지 머리가 좀 아프죠?

하지만 이제 영어로 '과거 표현'까지 할 수 있게 됐어요. 멋지지 않나요? 👤

소리 내어 읽었나요? 1회 □ 2회 □ 쌤놀이를 했나요? Yes □ No □

▲▲H 놀이 확인문제

☞ 쌤놀이 내용을 떠올리며 빈칸을 채워봅니다. ✌ 쌤놀이 내용을 참고해도 됩니다. ✌ 답 확인 후 소리 내어 읽어보세요.

빈칸에 들어갈 알맞은 말을 써보세요.

1 동사는 ① ☐☐ 과 함께 과거, 현재, 미래의 ② ☐☐ 도 표현할 수 있어요.

먼저 '모양 변화 없이 그 낱말의 본래 의미만 담고 있는 동사 형태'를

③ ☐☐☐☐ 이라고 하는데, 동사가 시간을 표현할 때,

이 동사원형의 형태에 변화를 주게 돼요.

2 동사의 현재형은 'S — No-S 패턴'을 따라

(1) 단수주어 → 단수동사일 때 동사원형 뒤에 ① ☐ 를 붙여주고,

(2) 복수주어 → 복수동사일 때 동사원형을 ② ☐☐☐ 쓰면 돼요.

※ 발음 편리를 위한 규칙

(3) '-o, -s, -sh, -ch, -x'로 끝나는 동사는 ③ ☐☐ 를 붙여주고요.
   ㉠ goes, washes

(4) '자음 + y'로 끝나는 동사는 y를 없애고 ④ ☐☐☐ 를 붙여줘요.
   ㉠ cries, studies

3 (1) 단수 · 복수에 상관없이 동사원형에 ① ☐☐ 를 붙여줘요.
   ㉠ jumped, wanted

(2) 동사의 철자가 '-e'로 끝나면 ② ☐ 만 붙여주고요. ㉠ liked, moved

(3) '자음 + y'로 끝나는 동사 : y를 없애고 ③ ☐☐☐ 를 붙여요.
   ㉠ cried, studied

(4) 짧은 모음과 자음으로 끝나는 동사 : 자음을 ④ ☐☐ 하고 '-ed'를 붙여요.
   ㉠ stop → stopped, plan → planned, drop → dropped, jog → jogged

(5) 어떤 동사들의 과거형은 ⑤ ☐☐☐ 한데, 필수 기초 단어라 꼭 익혀둬야 해요.

1. ① 동작 ② 시간 ③ 동사원형 **2.** ① s ② 그대로 ③ es ④ ies **3.** ① ed ② d ③ ied ④ 추가 ⑤ 불규칙

익힘
문제

이렇게 공부해요
문제를 풀 때 절대 페이지를 넘겨보지 마세요!(쌤놀이 해설이 있음)
100점 맞기 위해서가 아니라 뭘 모르는지 알기 위해 문제를 풀어보는 거랍니다.^^

A 다음 단수동사의 현재형을 써보세요.

1 eat   → _____   2 go   → _____

3 miss   → _____   4 buy   → _____

5 play   → _____   6 study   → _____

7 fly   → _____   8 cry   → _____

9 walk   → _____   10 catch   → _____

11 give   → _____   12 wash   → _____

B 다음 동사의 과거형을 써보세요.

1 eat   → _____   2 go   → _____

3 want   → _____   4 ask   → _____

5 enjoy   → _____   6 study   → _____

7 try   → _____   8 see   → _____

9 run   → _____   10 give   → _____

11 like   → _____   12 stop   → _____

C 다음 예시처럼 한글 해석에 맞게 동사의 현재형 또는 과거형을 써서 올바른 영어 문장을 만들어 보세요.

> | dog | loudly | big | bark |
>
> 큰 개 한 마리가 시끄럽게 <u>짖는다</u>.
>
> → <u>A big dogs bark loudly.</u>

❶ | cook | chefs | great | nicely |

훌륭한 요리사들이 멋지게 <u>요리했다</u>.

→ _____

❷ | slowly | run | fox | hungry |

그 배고픈 여우는 느리게 <u>달렸다</u>.

→ _____

❸ | happy | gladly | greet | boy |

그 행복한 소년이 기쁘게 <u>인사한다</u>.

→ _____

❹ | sing | girl | pretty | joyfully |

한 예쁜 소녀가 즐겁게 <u>노래했다</u>.

→ _____

❺ | child | many | speak | together |

많은 아이들이 함께 <u>말했다</u>.

→ _____

익힘 문제풀이

▶️ 풀이

1번은 일반적으로 '-s'만 붙이면 되는 경우

'-o'로 끝나 '-es'를 붙이는 경우

'-s'로 끝나 '-es'를 붙이는 경우

4, 5번은 '모음 + y'로 끝나 그냥 's'만 붙이는 경우

6, 7, 8번은 '자음 + y'로 끝나 'y'를 없애고 'ies'를 붙이는 경우

일반적으로 '-s'만 붙이면 되는 경우

'-ch'로 끝나 '-es'를 붙이는 경우

일반적으로 '-s'만 붙이면 되는 경우

'-sh'로 끝나 '-es'를 붙이는 경우

A 다음 단수동사의 현재형을 써보세요.

① eat 먹다 → eats

② go 가다 → goes

③ miss 그리워하다 → misses

④ buy 사다 → buys
⑤ play 놀다 → plays

⑥ study 공부하다 → studies
⑦ fly 날다 → flies
⑧ cry 울다 → cries

⑨ walk 걷다 → walks

⑩ catch 잡다 → catches

⑪ give 주다 → gives

⑫ wash 씻다 → washes

▶️ 풀이

1, 2번은 불규칙인 경우

3, 4, 5번은 일반적으로 '-ed'를 붙이는 경우

6, 7번은 '자음 + y'로 끝나 'y'를 없애고 'ied'를 붙이는 경우

B 다음 동사의 과거형을 써보세요.

① eat 먹다 → ate
② go 먹다 → went

③ want 원하다 → wanted
④ ask 묻다 → asked
⑤ enjoy 즐기다 → enjoyed

⑥ study 공부하다 → studied
⑦ try 노력하다 → tried

⑧ see 보다 → _____saw_____

⑨ run 달리다 → _____ran_____

⑩ give 주다 → _____gave_____

⑪ like 좋아하다 → _____liked_____

⑫ stop 멈추다 → _____stopped_____

8, 9, 10번은 불규칙인 경우

'-e'로 끝나 '-d'만 붙이는 경우

자음 'p'를 하나 더 추가하고 '-ed'를 붙이는 경우

C 다음 예시처럼 한글 해석에 맞게 동사의 현재형 또는 과거형을 써서 올바른 영어 문장을 만들어 보세요.

① | cook | chefs | great | nicely |

훌륭한 요리사들이 멋지게 요리했다.

→ Great chefs cooked nicely.

② | slowly | run | fox | hungry |

그 배고픈 여우는 느리게 달렸다.

→ The hungry fox ran slowly.

③ | happy | gladly | greet | boy |

그 행복한 소년이 기쁘게 인사한다.

→ The happy boy greets gladly.

④ | sing | girl | pretty | joyfully |

한 예쁜 소녀가 즐겁게 노래했다.

→ A pretty girl sang joyfully.

⑤ | child | many | speak | together |

많은 아이들이 함께 말했다.

→ Many children spoke together.

▶ 풀이

'요리했다'는 과거형이라 'cook'은 'cooked'로 써줘야 해요. 형용사 'great'와 부사 'nicely'를 한글 해석에 맞게 올바른 수식 위치에 놓으면 정답은 이와 같아요.

'달렸다'는 과거형, 'run'은 불규칙동사죠. 과거형은 'ran.' '그'는 'a'가 아니고 'the'를 써줘야 해요.

주어가 단수 명사이니까 단수 동사를 써야 하므로 's'가 동사 쪽에 붙어야 하는데, 동사 'greet'는 일반적으로 's'만 붙이면 돼요.

'노래했다'는 과거형이죠. 'sing'은 불규칙동사. 과거형은 'sang.' '한/어떤'일 때는 'a'를 써줘야 해요.

'말했다'는 과거형, 'speak'은 불규칙동사로 과거형은 'spoke'가 돼요. 또 'child'의 복수형은 불규칙 복수형으로 'children'이 되죠. 'many(많은)'는 '형용사'이고, 'together(함께)'는 '부사'예요. 그래서 한글 해석에 맞는 영어 문장은 이와 같이 써줘야 해요.

필수 불규칙동사 과거형 익히기

이렇게 공부해요 꼭 외워둬야 할 불규칙동사들이에요. 동사원형과 과거형을 여러 번 반복해서 외워두세요!

순서	동사원형		과거형	
1	become	～가 되다	became	～가 되었다
2	begin	시작하다	began	시작했다
3	bite	물다	bit	물었다
4	blow	불다	blew	불었다
5	break	부수다	broke	부쉈다
6	bring	가져오다	brought	가져왔다
7	build	짓다	built	지었다
8	buy	사다	bought	샀다
9	catch	잡다	caught	잡았다
10	choose	고르다	chose	골랐다
11	come	오다	came	왔다
12	cut	자르다, 베다	cut	잘랐다, 벴다
13	do	～하다	did	～했다
14	draw	그리다, 끌다	drew	그렸다, 끌었다
15	drink	마시다	drank	마셨다
16	drive	운전하다	drove	운전했다
17	eat	먹다	ate	먹었다
18	fall	떨어지다, 넘어지다	fell	떨어졌다, 넘어졌다
19	feed	먹이다	fed	먹였다
20	feel	느끼다	felt	느꼈다

순서		동사원형		과거형	
21	fight	싸우다	fought	싸웠다
22	find	찾다	found	찾았다
23	fly	날다	flew	날았다
24	get	얻다	got	얻었다
25	give	주다	gave	주었다
26	go	가다	went	갔다
27	grow	자라다	grew	자랐다
28	have	가지다	had	가졌다
29	hear	듣다	heard	들었다
30	hide	숨기다	hid	숨겼다
31	hit	때리다, 명중하다	hit	때렸다, 명중했다
32	hold	잡다	held	잡았다
33	hurt	다치다/다치게 하다	hurt	다쳤다/다치게 했다
34	keep	유지하다, 계속하다	kept	유지했다, 계속했다
35	know	알다	knew	알았다
36	leave	떠나다	left	떠났다
37	let	～하게 하다, 허락하다	let	～하게 했다, 허락했다
38	lose	잃다, 지다	lost	잃었다, 졌다
39	make	만들다	made	만들었다
40	meet	만나다	met	만났다
41	put	놓다, 두다	put	놓았다, 두었다
42	read	읽다	read	읽었다(*[레드]로 발음됨.)
43	ride	타다	rode	탔다
44	ring	울리다	rang	울렸다
45	rise	오르다	rose	올랐다

순서	동사원형		과거형	
46	run	달리다	ran	달렸다
47	say	말하다	said	말했다(*[새드]로 발음됨.)
48	see	보다	saw	보았다
49	sell	팔다	sold	팔았다
50	send	보내다	sent	보냈다
51	shake	흔들다, 진동하다	shook	흔들었다, 진동했다
52	shoot	쏘다	shot	쐈다
53	shut	닫다	shut	닫았다
54	sing	노래하다	sang	노래했다
55	sit	앉다	sat	앉았다
56	sleep	자다	slept	잤다
57	speak	말하다	spoke	말했다
58	stand	서다	stood	섰다
59	steal	훔치다	stole	훔쳤다
60	swim	수영하다	swam	수영했다
61	take	가지다, (시간이) 걸리다	took	가졌다, (시간이) 걸렸다
62	teach	가르치다	taught	가르쳤다
63	tell	말하다	told	말했다
64	think	생각하다	thought	생각했다
65	throw	던지다	threw	던졌다
66	understand	이해하다	understood	이해했다
67	wake	깨다, 깨우다	woke	깼다, 깨웠다
68	wear	입다	wore	입었다
69	win	이기다	won	이겼다
70	write	쓰다	wrote	썼다

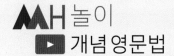
놀이
▶ 개념 영문법

7

목적어는 '목적'을 나타내는 건가요?

7
목적어는 '목적'을 나타내는 건가요?

📅 공부한 날. ∿∿∿∿ 월 ∿∿∿∿ 일 ∿∿∿∿ 요일

소리 내어 읽어보며 이해합니다. 선생님이 읽어주는 녹음 파일을 들어보면 더 좋습니다.

지금까지 배운 것을 잠시 정리해볼까요?

우리가 영어를 배우는 이유는 영어로 '의사소통'을 하기 위해서예요. '의사소통'의 기본은 '문장'이지요. 그러면 이 문장이란 걸 잘 이해하고 만들 수 있어야겠죠? 그 '문장을 잘 이해하고 만드는 법'이 뭐죠? 네, 바로 '문법'이에요.

그렇게 우리의 문법 여행이 시작되어 제일 먼저 문장의 기초 개념인 '뿌리 문장'을 배웠어요. 또, 뭘 만들려면 들어갈 '재료'가 있어야 하잖아요? 그래서 문장의 재료인 '품사'도 배웠어요. 그 다음으로 뿌리 문장 '무엇이 어찌하다'와 '명사, 동사' 재료를 가지고 '나의 첫 영어 문장'을 만들었어요.

그런데 '명사, 동사' 달랑 두 가지만으로는 문장이 심심하죠? 우리가 영어로 표현하고 싶은 말이 얼마나 많은데요. 이렇게 우리의 다양한 생각을 표현해낼 수 있는 '더 풍부한 문장을 만들기 위한 원리'도 배웠는데 그것이 바로 '영문법의 다섯 가지 원리'였어요.

첫 번째 원리인 '꾸밈(수식)의 원리'를 이용해서 '형용사'와 '부사'를 가지고 보다 풍부한 문장을 만들어보기 시작했어요. 그 다음 '명사 쓰기 규칙'과 함

께, 두 번째 원리인 '겹침(중복활용)의 원리'에 따라 동사로 '현재와 과거의 시간'도 표현할 수 있게 됐어요. 그래서 '주어'와 '서술어' 부분을 좀 더 자세하게 쓸 수 있게 되었지요.

이번 시간에는 세 번째 원리인 '넓힘(확장)의 원리'를 가지고 뿌리 문장 ①번 '무엇이 어찌하다'를 좀 넓혀볼 거예요. '무엇이 어찌하다.'는 어떤 '주인공'이 어떤 '움직임'을 한다는 말만 들어가 있어요. 그런데 이 '주인공'과 '움직임'만 있는 형태에다가 그 '움직임(동작)을 받는 대상'을 나타내줄 수 있어요. 그래서 '무엇이 어찌하다.'에서 '무엇이 무엇을 어찌하다.'로 범위를 넓힐 수 있어요.

예를 들어, '원숭이가 먹는다.'란 말이 있을 때 원숭이가 뭘 먹고 있는지 그 먹는 '대상'을 더해줄 수 있어요. '원숭이가 바나나를 먹는다.' 이렇게요. 이 형태를 영어로 어떻게 표현하는지 이번 시간에 자세히 알아볼 거예요.

벌써 기대가 된다고요? 그럼 또 힘차게 출발해볼까요? 👨‍🏫

▶ Action ① '무엇을'은 '어찌하다'의 대상이다

이렇게공부해요 ✌ 소리 내어 읽으면서 이해합니다.   ✌ 내용을 보면서 선생님이 가르치듯 쌤놀이를 합니다.   ✌ 확인란에 체크!

먼저 예문을 하나 만들어 볼게요.

- The hungry monkeys ate happily. (그 배고픈 원숭이들은 행복하게 먹었다.)

이 문장에는 지금까지 배운 내용이 모두 담겼다고 볼 수 있어요.

'무엇이 어찌하다.'의 형태를 '명사(The monkey)'와 '동사(eat)'로 구성했고,

여기에 '형용사(hungry)'와 '부사(happily)'로 명사와 동사를 각각 꾸며줬어요.

그 다음에 '명사 복수형(monkey → monkeys)'과 '동사 과거형(eat → ate)'으로 표현이

더 다양해졌답니다.

그런데요, 위 예문에는 원숭이가 뭘 먹는지에 대한 정보가 없어요.

우리가 매일 쓰는 말에 그런 내용이 없으면 답답하겠지요?

그래서 원숭이가 도대체 뭘 먹는지 그 '먹는 대상'을 추가하는 방법을

이번 시간에 자세히 배워보려고 해요.

이번에도 역시 '문법의 다섯 가지 원리'가 우리를 구해줄 거예요.

그 원리 중에 '넓힘의 원리'가 있었어요. 이 넓힘의 원리에 따라

'무엇이 어찌하다.'를 '무엇이 무엇을 어찌하다.'로 넓히는 거예요.

이때 '무엇을'은 '어찌하다'라는 '동작을 받는 대상'이에요.

그리고 이런 '대상'은 주어인 '무엇이'와 똑같이 '명사' 재료를 쓰면 돼요.

Action ❷ 목적어('무엇을')는 동사 뒤에 온다

이렇게공부해요 ✌ 소리 내어 읽으면서 이해합니다. ✌ 내용을 보면서 선생님이 가르치듯 쌤놀이를 합니다. ✌ 확인란에 체크!

그럼 '무엇이 무엇을 어찌하다.'를 영어로 어떻게 쓰느냐가 문제인데요.

아래 그림처럼 '동사의 동작을 받는 대상'을 '동사 뒤'에 써주는 거예요.

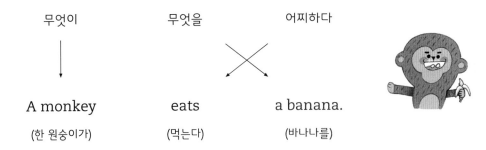

우리말과는 낱말의 순서가 '반대'가 되죠?

이렇게 '동사의 동작을 받는 대상어'를 특별히 '목적어'라고 불러요.

이 '목적어'란 용어가 좀 낯설고 어색하죠?

왜냐하면 우리가 흔히 쓰는 '목적'이란 말은

'너의 목적이 뭐냐?'처럼 '이루려고 하는 것'이나

'~하기 위해서' 이런 말들인데,

'목적어'는 그런 '목적'이란 말과 아무 상관이 없기 때문이에요.

이 '목적어'는 그냥 '동작을 받는 대상'을 가리키는 용어일 뿐이에요.

한자어로는 눈 목(目), 과녁/목표 적(的), 말 어(語) 이렇게 쓰는데,

'눈이 목표로 삼는 말'이란 뜻이에요.

위 그림에서도 원숭이의 눈이 먹으려고

목표로 삼은 대상인 '바나나'를 쳐다보고 있지요?

☑
소리 내어 읽었나요? 1회 ☐ 2회 ☐ 쌤놀이를 했나요? Yes ☐ No ☐

Action ③ 동사 뒤 낱말의 순서

이렇게공부해요 ✌ 소리 내어 읽으면서 이해합니다. ✌ 내용을 보면서 선생님이 가르치듯 쌤놀이를 합니다. ✌ 확인란에 체크!

이 '목적어'를 영어로는 'Object(물체, 대상, 목표)'라고 써요.

처음부터 '목적어'란 말 대신 '대상어'란 말을 썼으면 좋았을 텐데요.

아무튼 <목적어는 동사의 대상이다>라는 말을 항상 떠올리세요!

● 동사 뒤 낱말의 순서

아래 예문을 하나 볼까요?

• A hungry monkey eats happily. (한 배고픈 원숭이가 행복하게 먹는다.)

동사를 꾸며주는 부사 'happily'는 <동사 뒤>에 위치해요.

그런데 동사의 동작을 받는 대상인 '목적어'도 <동사 뒤>에 오잖아요.

그럼 동사 뒤에 '부사'와 '목적어'가 함께 오면 그 순서가 어떻게 될까요?

네, 영어에서는 순서가 <동사 + 목적어(명사) + 부사> 이렇게 돼요.

위 예문에 '바나나'라는 '먹는 대상'을 넣고 다시 쓰면 아래와 같아요.

• A hungry monkey eats a banana happily.

  (한 배고픈 원숭이가 행복하게 바나나를 먹는다.)

우리말과는 순서가 정반대니까 '동사 뒤 낱말의 순서'를 주의하세요~

오늘은 '목적어'란 한자어도 낯설고, 동사 뒤의 순서도 새롭지만,

'목적어'와 함께 더욱 풍부한 문장을 만들 수 있게 됐어요. 뿌듯하죠? 🧑‍✈️

✓ MH 놀이 확인문제

✌ 쌤놀이 내용을 떠올리며 빈칸을 채워봅니다. ✌ 쌤놀이 내용을 참고해도 됩니다. ✌ 답 확인 후 소리 내어 읽어보세요.

빈칸에 들어갈 알맞은 말을 써보세요.

1 문법의 다섯 가지 원리 중 ① ☐☐ 의 원리를 따라,

'무엇이 어찌하다'를 '무엇이 ② ☐☐☐ 어찌하다'로 넓혀

동사의 동작을 받는 ③ ☐☐ 을 추가할 수 있어요.

이 '무엇을'은 '무엇이'와 똑같이 ④ ☐☐ 재료'를 이용해요.

2 영어에서는 동사의 동작을 받는 대상을 동사 ① ☐ 에 써주고,

이 대상이 되는 말을 특별히 ② ☐☐☐ 라고 불러요.

목적어는 '눈이 목표로 삼아 쳐다보는 ③ ☐☐ '이란 뜻이에요.

3 '꾸밈(수식)의 원리'에서 동사를 더 자세히 설명해주는 '부사'는

동사 ① ☐ 에서 동사를 수식해줘요.

또, 동사의 동작을 받는 대상인 '목적어'도 동사 ② ☐ 에 오는데,

'부사'와 '목적어'가 함께 동사 뒤에 올 때 그 순서는

③ ☐☐ + ④ ☐☐☐ (명사) + ⑤ ☐☐ 의 순서로 써주면 돼요.

· A hungry monkey eats a banana happily.
(한 배고픈 원숭이가 행복하게 바나나를 먹는다.)

1. ① 넓힘 ② 무엇을 ③ 대상 ④ 대상 ⑤ 명사   2. ① 뒤 ② 목적어 ③ 대상   3. ① 뒤 ② 뒤 ③ 동사 ④ 목적어 ⑤ 부사

익힘
문제

공부한 날. ∿∿∿∿ 월 ∿∿∿∿ 일 ∿∿∿∿ 요일

이렇게 공부해요

문제를 풀 때 절대 페이지를 넘겨보지 마세요!(쌤놀이 해설이 있음)

100점 맞기 위해서가 아니라 뭘 모르는지 알기 위해 문제를 풀어보는 거랍니다.^^

A '무엇이 어찌하다.'를 '무엇이 무엇을 어찌하다.'로 문장을 넓히는 문제예요. 다음 예시처럼 ☐ 안의 단어를 '목적어'로 써서 문장을 넓혀보세요.

> A monkey eats quickly. apples
>
> → **A monkey eats apples quickly.**
>
> (한 원숭이가 사과들을 빨리 먹는다.)

❶ The small mouse ate. the cake

→ _____

❷ A hungry fox chased. a hen

→ _____

❸ Grandma makes slowly. the soup

→ _____

❹ A pretty girl reads quietly. a book

→ _____

❺ Alice washed carefully. the dirty cups

→ _____

106 쌤놀이 개념 영문법 1권

B 다음 예시처럼 주어진 단어로 한글 해석에 맞는 영어 문장을 만들어 보세요.

| kicked | the boy | hard | the ball |

그 소년은 세게 공을 찼다.

→ **The boy kicked the ball hard.**

① | cheerfully | the cookies | baked | Mom |

엄마는 즐겁게 쿠키를 구웠다.

→ _____

② | The girls | joyfully | the room | cleaned |

그 소녀들은 기쁘게 그 방을 청소했다.

→ _____

③ | carefully | the small box | opened | Brian |

Brian은 조심스럽게 그 작은 상자를 열었다.

→ _____

④ | drank | The old man | hot tea | slowly |

그 노인은 천천히 뜨거운 차를 마셨다.

→ _____

⑤ | wrote | a long letter | Mary | quickly |

Mary는 빠르게 긴 편지를 썼다.

→ _____

익힘 문제풀이

이렇게 공부해요

✌🏻정답과 풀이를 보며 채점을 합니다. ✌🏻틀렸거나 헷갈리는 문제는 해설을 읽어보고 쌤놀이로 설명해봅니다. ✌🏻모든 문제의 해설을 읽어보면 복습에 큰 도움이 됩니다.

▶️ 풀이

작은 쥐가 먹었던 대상 '그 케이크'가 목적어죠. 영어에서 목적어는 동사 뒤에 쓴다고 배웠어요. 그래서 동사 'ate' 바로 뒤에 'the cake'를 써줘야 해요.

A '무엇이 어찌하다.'를 '무엇이 무엇을 어찌하다.'로 문장을 넓히는 문제예요. 다음 예시처럼 ▭ 안의 단어를 '목적어'로 써서 문장을 넓혀보세요.

❶ The small mouse ate. [the cake]

→ The small mouse ate the cake.
그 작은 쥐는 그 케이크를 먹었다.

한 배고픈 여우가 뭘 뒤쫓았냐 하면 '암탉 한 마리'예요. 이 목적어 'a hen'을 동사 'chased' 뒤에 써줘야 올바른 영어 문장이 돼요.

❷ A hungry fox chased. [a hen]

→ A hungry fox chased a hen.
한 배고픈 여우가 암탉 한 마리를 뒤쫓았다.

할머니가 천천히 만드시는 것은 목적어 'the soup'이에요. 영어에서는 <동사 + 목적어(명사) + 부사> 순서로 써야 하니까 'makes the soup slowly'로 써줘야 해요.

❸ Grandma makes slowly. [the soup]

→ Grandma makes the soup slowly.
할머니는 천천히 그 스프를 만드신다.

예쁜 소녀가 읽는 대상은 'a book(책 한 권)'이죠. 그래서 이 목적어 'a book'이 들어가야 할 자리는 동사와 부사 사이로 'reads a book quietly'로 써야 맞아요.

❹ A pretty girl reads quietly. [a book]

→ A pretty girl reads a book quietly.
한 예쁜 소녀가 조용하게 책을 읽는다.

이번 목적어는 명사 'cups'가 형용사 'dirty'의 수식을 받고 있죠. 이렇게 주어처럼 목적어도 꾸밈을 받아 길어질 수 있어요. 원래 문장에 이 길어진 목적어를 집어넣으면 'Alice washed the dirty cups carefully.'로 써줘야 해요.

❺ Alice washed carefully. [the dirty cups]

→ Alice washed the dirty cups carefully.
Alice는 조심스럽게 그 더러운 컵들을 씻었다.

B 다음 예시처럼 주어진 단어로 한글 해석에 맞는 영어 문장을 만들어 보세요.

① | cheerfully | the cookies | baked | Mom |

엄마는 즐겁게 쿠키를 구웠다.

→ Mom baked the cookies cheerfully.

② | The girls | joyfully | the room | cleaned |

그 소녀들은 기쁘게 그 방을 청소했다.

→ The girls cleaned the room joyfully.

③ | carefully | the small box | opened | Brian |

Brian은 조심스럽게 그 작은 상자를 열었다.

→ Brian opened the small box carefully.

④ | drank | The old man | hot tea | slowly |

그 노인은 천천히 뜨거운 차를 마셨다.

→ The old man drank hot tea slowly.

⑤ | wrote | a long letter | Mary | quickly |

Mary는 빠르게 긴 편지를 썼다.

→ Mary wrote a long letter quickly.

▶ 풀이

한글 해석을 영어 문장의 단어 순서대로 바꿔 써보면 '엄마는 / 구웠다 / 쿠키를 / 즐겁게.' 이렇게 돼요. 이 순서대로 'Mom baked the cookies carefully.'라고 써줘야 해요.

이 문제도 '그 소녀들은 / 청소했다 / 그 방을 / 기쁘게.'로 영어식 어순으로 바꿔 생각하면 쉽게 쓸 수 있어요. 그래서 'The girls cleaned the room joyfully.'로 써주면 맞아요.

자, 또 영어식 어순으로 생각해보면, 'Brian은 / 열었다 / 그 작은 상자를 / 조심스럽게.' 이렇게 되죠. 그래서 'Brian opened the small box carefully.'로 쓰면 돼요.

'그 노인은 / 마셨다 / (뭘?) 뜨거운 차를 / (어떻게?) 천천히.' 이 순서대로 영어 단어들을 써보면 'The old man drank hot tea slowly.'가 올바른 답이 돼요.

'Mary는 / 썼다 / 긴 편지를 / 빠르게.' 이렇게 영어 어순이 되죠. 그래서 'Mary wrote a long letter quickly.'로 써주면 올바른 영어 문장이 돼요.

'명사가 목적어로 쓰인다'는 말, 어렵지 않아요~

이렇게공부해요 보충수업이에요. 앞으로 배울 내용과 연관되어 있으니 천천히 소리 내어 읽어보면서 이해합니다.

"명사가 목적어로도 쓰여요." 이런 말을 들으면 가슴이 답답~해지는 친구도 있을 거예요. '명사'라는 말도 아직 익숙하지 않은데, 그게 또 '목적어로도 쓰인다.'니 참…

처음에 '나의 첫 영어 문장'을 만들 때 명사가 어떻게 쓰였죠? 네, 명사는 문장의 주인공인 '주어의 재료'로 쓰였어요. 그런데 이제 이 '명사'가 '목적어의 재료'로도 쓰인다는 말이에요. 명사, 주어, 목적어, 이런 말들이 어렵게 느껴지는 이유는, '품사'와 '문장성분'이라는 이 두 가지 개념이 아직 낯설어서 그래요.

뭘 하든 '기본이 중요하다'고 하잖아요. 우리가 문법 공부를 할 때 반드시 깨달아야 할 〈기본 개념〉이 바로 이 '품사'와 '문장성분'이라는 두 개념이에요.

개념	정의	예
품사	같은 특징끼리 낱말을 묶어 정돈한 것. 문장의 재료로 쓰임.	명사, 동사, 형용사, 부사 전치사, 접속사, 대명사, 감탄사
문장성분	**문장**을 구성하는 **부분**(요소)의 줄임말.	주어, 서술어, 목적어, 보어, 수식어

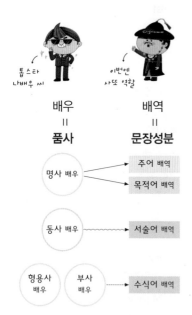

그럼 이 '품사'와 '문장성분'이 무슨 관계인지 '영화'에 비유해 보겠어요. 어떤 한 '문장'을 영화 한 편이라고 하면, 영화배우들은 '품사'가 되고, 그 배우들이 맡는 배역(역할)은 '문장성분'이 될 수 있어요.

Ⓐ와 Ⓑ라는 두 '명사' 배우가 있을 때, 한 영화에서 Ⓐ는 '주어'로, Ⓑ는 '목적어'로 배역을 맡을 수도 있고, 또 Ⓐ가 다른 영화에서는 '목적어' 배역을 맡을 수도 있어요. 이렇게 '영화배우'와 '배역'의 비유로 '품사'와 '문장성분'을 잘 이해할 수 있답니다.

지금은 이 정도로 알아두고, 뒤에 '보어'란 걸 배울 때 더 자세히 살펴보도록 해요.

8

전치사?
이건 도대체 뭐예요?

8

전치사? 이건 도대체 뭐예요?

📅 공부한 날. ᴧᴧᴧᴧᴧ 월 ᴧᴧᴧᴧᴧ 일 ᴧᴧᴧᴧᴧ 요일

이렇게공부해요 소리 내어 읽어보며 이해합니다. 선생님이 읽어주는 녹음 파일을 들어보면 더 좋습니다.

문법 공부가 좀 만만하지가 않죠? 여러 가지 규칙도 외워야 하고, 형용사, 부사, 수식, 목적어 등 희한한 한자 용어도 계속 나오고 있어요. 문법을 처음 배울 땐 이런 힘든 과정을 누구나 경험한답니다. 하지만 조금 참고 꾸준히 익혀나가면 반드시 좋은 결과가 있어요.

이번 시간에 배울 '전치사'란 말도 참 알쏭달쏭할 것 같아요. 뭐라고요? '전-치-사'요? '목적어'도 외계어 같은데 또 웬 '전치사'? 자세한 설명을 듣기 전에는 무슨 말인지 도통 모르겠지요?

더 큰 문제는 그런 설명도 듣기만 하고 끝나면 또 금방 까먹어버려요.

그래서 문법과 같은 '개념 공부'를 할 때는 〈쎔놀이〉가 꼭 필요해요. 배운 내용을 '스스로 설명'해봐야 자기가 잘 아는지 모르는지 분명하게 구별을 할 수가 있고, 부족한 부분을 복습할 수도 있어요.

전치사가 어려운 말 같지만 'in, on, from, to, by, with, …' 이렇게 간단한 낱말들이에요. 영어 책을 좀 읽은 친구들이라면 이미 글 속에서 굉장히 많이 봤을 거예요.

'전치사'란 '앞에 놓이는 낱말'이란 뜻이에요. 영어에서는 '어디에서, 언제'와 같은 〈장소/방향/때〉를 나타내기 위해 이 '전치사'란 말을 써요.

그럼 전치사가 무엇 앞에 놓이는 말이냐 하면, 아래를 보세요.

〈전치사구〉

전치사는 '명사 앞'에 놓이고, 〈전치사 + (관사) + 명사〉 형태로 말 덩어리를 만들어요. 이것을 특히 '전치사구'라고 불러요. '구'란 '말 덩어리'라는 한 자어예요.

자, 그럼 이번 시간에 '전치사'란 개념을 예문과 함께 살펴보면서 전치사의 역할을 스스로 잘 깨달을 수 있도록 열심히 '쌤놀이'를 해봅시다~! 👤

▶Action ① 장소/방향/때를 표현하는 전치사

이렇게 공부해요 🖐 소리 내어 읽으면서 이해합니다. 🖐 내용을 보면서 선생님이 가르치듯 쌤놀이를 합니다. 🖐 확인란에 체크!

예를 들어, '원숭이가 바나나를 먹었다.'는 문장이 있어요.

이때 그 원숭이가 '어디에서' 그랬는지 말하려면 어떻게 할까요?

우리말로는 '원숭이가 나무 위에서 바나나를 먹었다.'라고 하거나

'나무 위의 원숭이가 바나나를 먹었다.' 이런 식으로 말하는데,

이걸 영어로는 어떻게 나타낼까요? 이게 이번 시간의 주제예요.

영어에서는 이렇게 '어디에서', '언제'와 같은 <장소/방향/때>를

표현하는 데 '전치사'란 낱말을 이용해요. '전치사'란 말은,

전(前) → 앞에

치(置) → 위치하는, 놓이는   '앞에 놓이는 낱말'이란 뜻이에요.

사(詞) → 낱말

전치사가 '무엇' 앞에 놓이고 또 어떻게 쓰이는지는, 예문을 보는 게

제일 빨라요. 그런데 이 전치사는 혼자서 쓰이지 않고 말 덩어리를 만들어요.

이것을 특히 '전치사구'라고 불러요. '구(句)'란 '말 덩어리'라는 한자어예요.

| 전치사 + (관사) + 명사 | ➡ | on + the tree |

전치사 중 하나인 'on'이 'tree'라는 명사 앞에 놓여 '전치사구'를 만들었어요.

소리 내어 읽었나요? 1회 ☐ 2회 ☐ 쌤놀이를 했나요? Yes ☐ No ☐

A c t i o n ② 명사와 동사를 수식하는 전치사구

이렇게공부해요 ✌ 소리 내어 읽으면서 이해합니다. ✌ 내용을 보면서 선생님이 가르치듯 쌤놀이를 합니다. ✌ 확인란에 체크!

자, 전치사가 뭐 앞에 놓인다고 했죠? 네, '명사' 앞에 놓여요.

명사 앞에 놓인 전치사는 그 명사와 덩어리를 이루어 뜻을 표현하는데요,

이 전치사 덩어리(전치사구)는 '세 가지 형태'로 쓰이게 돼요.

첫째, 형용사처럼 명사를 꾸며줘요. (명사 수식 형태)

(단, 이때 전치사구는 꾸며주는 명사 '뒤'에 써줘야 해요.)

• '나무 위의 원숭이'는 a monkey ┌ on the tree ┐

• '나무 아래의 원숭이'는 a monkey ┌ under the tree ┐

• '나무 옆의 원숭이'는 a monkey ┌ by the tree ┐

이렇게 써줘요. 예문을 하나 써보면요,

A monkey on the tree eats happily.

(나무 위의 원숭이가 행복하게 먹는다.)

둘째, 부사처럼 동사를 뒤에서 꾸며줘요. (동사 수식 형태)

• '나무 위에서 먹는다'는 eat ┌ on the tree ┐

• '나무 아래에서 먹는다'는 eat ┌ under the tree ┐

• '나무 옆에서 먹는다'는 eat ┌ by the tree ┐

이렇게 써줘요. 역시 예문을 하나 써보면요,

A monkey easts on the tree.

(원숭이가 나무 위에서 먹는다.)

☑
소리 내어 읽었나요? 1회 ☐ 2회 ☐ 쌤놀이를 했나요? Yes ☐ No ☐

Action ③ 전치사구가 연속적으로 쓰이는 경우

이렇게공부해요 ✌소리 내어 읽으면서 이해합니다. ✌내용을 보면서 선생님이 가르치듯 쌤놀이를 합니다. ✌확인란에 체크!

셋째, 연속적으로 쓰이는 경우가 있어요.

전치사구 덩어리는 한 개 이상 연속해서 써도 괜찮아요.

예를 들어, '때'를 표현하는 전치사구 'in the morning(아침에)'를

전치사구 'on the tree' 뒤에 그대로 덧붙여 쓸 수 있어요.

이렇게 문장의 내용을 점점 더 풍부하게 만들 수 있답니다.

예 A monkey eats happily / on the tree / in the morning.

(원숭이가 행복하게 먹는다   /   나무 위에서   /   아침에.)

● **동사 뒤 낱말의 순서**

끝으로, 동사 뒤에 '목적어, 부사, 전치사구'가 함께 올 때

그 순서를 어떻게 써주는지 아래 예문을 통해 알아봅시다.

• A small monkey eats a banana happily under the tree.
　　　　　　　　(동사)　 (목적어)　 (부사)　　 (전치사구)

(한 작은 원숭이가 나무 아래에서 행복하게 바나나를 먹는다.)

낱말의 순서는 우리말과 반대로 <동사+목적어(명사)+부사+전치사구> 순이에요.

이번 시간에는 '전치사'로 <장소/방향/때>를 어떻게 표현하는지 배웠어요.

보다 다양한 전치사구 표현들이 뒤에 있으니까 모두 꼭 익혀두세요~~ 👨‍🎓

^^H 놀이 확인문제

이렇게공부해요

✌쌤놀이 내용을 떠올리며 빈칸을 채워봅니다. ✌쌤놀이 내용을 참고해도 됩니다. ✌답 확인 후 소리 내어 읽어보세요.

빈칸에 들어갈 알맞은 말을 써보세요.

1 '언제', '어디서'와 같은 〈장소/방향/때〉를 나타낼 때 ① ☐☐☐ 를 써요.

2 전치사는 '명사 ① ☐ 에 놓이는 말'이란 뜻이에요.

전치사는 〈전치사 + (관사) + 명사〉로 '② ☐☐☐☐ '를 이뤄요.

3 첫째, 전치사구는 ① ☐☐☐ 처럼 명사를 꾸며줄 수 있어요.

나무 위의 원숭이 =a monkey │ on the tree │

명사① │ 전치사 명사② │

단, 이때 전치사구 덩어리는 꾸며주는 명사 ② ☐ 에 써줘야 해요.

4 둘째, 전치사구는 ① ☐☐ 처럼 동사 뒤에서 동사를 꾸며줄 수 있어요.

나무 아래에서 먹는다 = eats │ under the tree │

동사 │ 전치사구 │

5 셋째, 전치사구는 ① ☐ 개 이상 계속 덧붙여 써도 괜찮아요.

A monkey eats happily / on the tree / in the morning.

원숭이가 행복하게 먹는다 / 나무 위에서 / 아침에.

동사 뒤의 어순

6 동사 뒤에 '목적어, 부사, 전치사구'가 함께 올 때

〈동사 + ① ☐☐☐ (명사) + ② ☐☐ + ③ ☐☐☐☐☐ 〉의

순서로 써주면 돼요.

1. ① 전치사 2. ① 앞 ② 전치사구 3. ① 형용사 ② 뒤 4. ① 부사 5. ① 한 6. ① 목적어 ② 부사 ③ 전치사구

이렇게 공부해요

문제를 풀 때 절대 페이지를 넘겨보지 마세요!(쌤놀이 해설이 있음)

100점 맞기 위해서가 아니라 뭘 모르는지 알기 위해 문제를 풀어보는 거랍니다.^^

A 다음 문장에서 밑줄 친 부분에 사용된 '수식(꾸며줌)'이 다음 ①과 ② 중 어떤 경우에 해당하는지 ① 또는 ②번 번호를 써서 구별해보세요.

> ① 전치사구의 명사 수식 - 형용사처럼 명사를 꾸며주는 경우(이때, 명사 뒤에서 수식함)
> ② 전치사구의 동사 수식 - 부사처럼 동사 뒤에서 꾸며주는 경우

① A cat naps in the house.　　　　　→ _____
(고양이 한 마리가 집 안에서 낮잠을 잔다.)

② The kids in the classroom shouted.　　　→ _____
(교실 안의 아이들이 소리쳤다.)

③ The ducks swam quietly in the river.　　→ _____
(오리들이 강에서 조용히 헤엄쳤다.)

④ The happy man on the stage sang cheerfully.　→ _____
(무대 위의 그 행복한 남자가 즐겁게 노래했다.)

⑤ A small fox ate apples slowly under the tree.　→ _____
(작은 여우 한 마리가 나무 아래에서 사과를 천천히 먹었다.)

⑥ A mouse ran into the box in the morning. [2개]　→ _____ , _____
(생쥐 한 마리가 아침에 그 박스 속으로 뛰어들어갔다.)

⑦ The boys in the village play soccer on Sundays. [2개]　→ _____ , _____
(그 마을의 소년들은 일요일에 축구를 한다.)

B 다음 예시처럼 [   ] 안의 '전치사구'를 활용하여 더 풍부한 문장을 만들어 보세요.
(※ 밑줄 친 부분은 전치사구가 '수식'하는 부분임.)

> <u>A girl</u> dances happily. [in a blue dress]
> 파란 드레스를 입은 소녀가 행복하게 춤춘다.
>
> → <u>A girl in a blue dress dances happily.</u>

① <u>A cat</u> slept quietly. [on the sofa]
소파 위의 고양이가 조용히 잠을 잤다.

→ _____

② <u>The cute puppy plays</u>. [in the park]
그 귀여운 강아지가 공원에서 논다.

→ _____

③ Jason <u>studied</u> hard. [before the test]
Jason은 시험 전에 열심히 공부했다.

→ _____

④ The man <u>runs</u>. [along the beach] [in the morning]
그 남자는 아침에 해변을 따라 달린다.

→ _____

⑤ <u>Lions</u> roared. [in the jungle] [on the hill]
정글에 있는 사자들이 언덕 위에서 으르렁댔다.

→ _____

익힘 문제풀이

✌ 정답과 풀이를 보며 채점을 합니다. ✌ 틀렸거나 헷갈리는 문제는 해설을 읽어보고 쌤놀이로 설명해봅니다. ✋ 모든 문제의 해설을 읽어보면 복습에 큰 도움이 됩니다.

▶ 풀이

1번의 'in the house'는 고양이가 낮잠을 자는데, 어디에서 잠자는 동작을 하는지 더 자세히 꾸며주고 있어요. 그래서 전치사구가 동사 'naps'를 뒤에서 꾸며주는 ②번의 경우가 돼요.

'in the classroom'은 아이들이 소리쳤는데, 어디에 있는 아이들이 그랬는지 명사 'kids'를 꾸며주고 있어요. 그래서 답은 명사를 뒤에서 형용사처럼 꾸며주는 경우로 ①번이에요.

'in the river'는 오리들이 어디에서 '헤엄쳤는지'를 꾸며주니까 답은 ②번이에요.

'The happy man'의 명사 'man'을 전치사구가 뒤에서 수식해주는 ①번 경우예요.

<동사 + 목적어 + 부사 + 전치사구> 형태로 동사를 뒤에서 꾸며주는 경우가 돼요.

동사 뒤에서 전치사구 2개가 연속적으로 동사를 꾸며주는 경우예요.

'in the village'는 명사 'boys'를 꾸며줘서 ①번 경우가 되고, 'on Sundays'는 언제 축구를 하는지 동사 'play'를 더 자세히 꾸며줘서 ②번 경우가 돼요.

A 다음 문장에서 밑줄 친 부분에 사용된 '수식(꾸며줌)'이 다음 ①과 ② 중 어떤 경우에 해당하는지 ① 또는 ②번 번호를 써서 구별해보세요.

> ① 전치사구의 명사 수식 – 형용사처럼 명사를 꾸며주는 경우(이때, 명사 뒤에서 수식함)
> ② 전치사구의 동사 수식 – 부사처럼 동사 뒤에서 꾸며주는 경우

① A cat naps in the house. → ②
(고양이 한 마리가 집 안에서 낮잠을 잔다.)

② The kids in the classroom shouted. → ①
(교실 안의 아이들이 소리쳤다.)

③ The ducks swam quietly in the river. → ②
(오리들이 강에서 조용히 헤엄쳤다.)

④ The happy man on the stage sang cheerfully. → ①
(무대 위의 그 행복한 남자가 즐겁게 노래했다.)

⑤ A small fox ate apples slowly under the tree. → ②
(작은 여우 한 마리가 나무 아래에서 사과를 천천히 먹었다.)

⑥ A mouse ran into the box in the morning. [2개] → ② . ②
(생쥐 한 마리가 아침에 그 박스 속으로 뛰어들어갔다.)

⑦ The boys in the village play soccer on Sundays. [2개] → ① . ②
(그 마을의 소년들은 일요일에 축구를 한다.)

B 다음 예시처럼 [　　] 안의 '전치사구'를 활용하여 더 풍부한 문장을 만들어 보세요.
(※ 밑줄 친 부분은 전치사구가 '수식'하는 부분임.)

❶ A cat slept quietly.　[on the sofa]

소파 위의 고양이가 조용히 잠을 잤다.

→ A cat on the sofa slept quietly.

'on the sofa'가 명사 'cat'을 꾸며주려면 위와 같이 명사 뒤에 써줘야 해요.

❷ The cute puppy plays.　[in the park]

그 귀여운 강아지가 공원에서 논다.

→ The cute puppy plays in the park.

강아지가 어디에서 노는지 동사 'plays'를 더 자세히 말해주려면 동사 뒤에 써주면 돼요.

❸ Jason studied hard.　[before the test]

Jason은 시험 전에 열심히 공부했다.

→ Jason studied hard before the test.

전치사구가 동사 'studied'를 꾸며줄 때 부사 'hard' 뒤에 써줘야 한답니다.

❹ The man runs.　[along the beach]　[in the morning]

그 남자는 아침에 해변을 따라 달린다.

→ The man runs along the beach in the morning.

동사 'runs' 뒤에서 전치사구가 연속적으로 오는 경우로 전치사구들을 동사 뒤에 연달아 써주면 돼요.

❺ Lions roared.　[in the jungle]　[on the hill]

정글에 있는 사자들이 언덕 위에서 으르렁댔다.

→ Lions in the jungle roared on the hill.

한글 해석에 맞춰, 'in the jungle'은 명사 'Lions'를 뒤에서 꾸며주도록 쓰고, 'on the hill'은 어디에서 으르렁댔는지 동사 'roared' 뒤에서 꾸며주도록 써주면 되겠어요.

▶ 풀이

기초 전치사구 익히기

이렇게 공부해요 보충수업이에요. 기초적인 전치사구 표현을 여러 번 소리 내어 읽어보면서 익혀둡니다.

장소를 나타내는 전치사	in	~에 / ~안에	in New York(뉴욕에), in the room(방 안에)
	at	~에	특정한 장소 at the kitchen(주방에서), at the airport(공항에)
	on	~ 위에	표면이 닿는 경우 on the sofa(소파 위에서), on the wall(벽에)
	under	~ 아래에	under the table(탁자 아래에)
	over	~ 위로, 너머로	표면에서 떨어진 경우 over the fence(울타리 위로)
	by	~ 옆에	by the river(강 옆에)

때를 나타내는 전치사	in	~에	비교적 긴 시간 – 계절, 년도, 월 등 in summer(여름에), in March(3월에), in 2020(2020년에)
	at	~에	구체적인 시각인 경우 at seven(7시에), at noon(정오에)
	on	~에	요일, 날짜, 특정한 날인 경우 on Saturday(토요일에), on May 15th(5월 15일에), on Christmas(크리스마스에)
	after	~ 후에	after dinner(저녁식사 후에)
	before	~ 전에	before the test(시험 전에)
	for	~ 동안	for two years(2년 동안)

방향을 나타내는 전치사	up	~ 위로	up the ladder(사다리 위로)
	down	~ 아래로	down the stairs(계단 아래로)
	into	~ 안으로	into the building(건물 속으로)
	across	~을 가로질러	across the bridge(다리를 가로질러)
	along	~을 따라	along the river(강을 따라)
	from, to	~부터, ~까지	from here to there(여기에서 거기까지)
	through	~을 통하여	through the window(창문을 통하여)

• **기타 전치사 :** for(~을 위하여), with(~와 함께, ~을 가지고/사용하여)

9

부사, 전치사, 수식, 이런 말들이 이해가 잘 안 되는데 어떡해요?

9

부사, 전치사, 수식, 이런 말들이
이해가 잘 안 되는데 어떡해요?

📅 공부한 날. ～～～～ 월 ～～～～ 일 ～～～～ 요일

이렇게공부해요 소리 내어 읽어보며 이해합니다. 선생님이 읽어주는 녹음 파일을 들어보면 더 좋습니다.

이번 시간에는 지금까지 배운 개념 중 몇 개를 복습해볼 거예요.

"우와! 방금 네가 말한 <u>부사</u>가 참 멋있다!"

"정말 너의 <u>형용사</u> <u>수식</u>은 감탄할 만하구나!"

평소 이렇게는 말을 잘 안 하죠? '부사, 전치사, 수식' 이런 말을 우리가 일상생활에서 잘 쓰지 않잖아요. 문법 공부가 어려운 건 아마도 낯선 용어들 때문일 거예요.

초등 친구들에게 공부할 때 뭐가 어렵냐고 물어보면 '한자 용어'가 제일 어려운 것 같다고 얘기해요. 그런데 이런 현상은 한국, 미국, 일본, 이런 나라의 구별 없이 초등학생이라면 모두 겪는 거 같아요. 왜냐하면 고학년이 될수록 공부하는 내용에서 '학습 어휘(Academic Words)'가 점점 쌓여가니까요. 이 학습 어휘는 일상생활에서 자주 쓰는 '생활 어휘'와는 달라요.

그런데 한자어, 학습 어휘, 이런 게 도대체 왜 중요하냐 하면, 이런 말들이 바로 '개념'을 나타내기 때문이에요. 한자 용어는 개념을 압축해서 한방에 전달해주는 아주 편리한 도구예요.

예를 들어, 우리가 '목적어'란 말을 배웠잖아요? '목적어'라는 말은, 영어에서 동사의 오른쪽, 즉 동사 뒤에 와서 '동작을 받는 대상'을 가리켜요. '명사'가 그 재료로 쓰이고요.

예 A monkey ate a banana. (먹히는 대상 = 바나나)

이제 이 목적어의 '개념'을 깨닫게 되면, 어떤 영어 문장을 보더라도 목적어가 있는지 없는지, 있다면 뭐가 '목적어'인지 구별을 할 수 있게 돼요. 그만큼 영어 문장을 더 잘 파악하고, 또 더 잘 만들 수 있어요. 한마디로 개념은 '공부의 기본 바탕'이 되는 거예요.

그러니까 한자어로 된 학습 어휘를 잘 모르고선 실력이 좋아질 수가 없겠죠? 그럼 이번 시간에는 이렇게 '개념을 나타내는 학습 어휘'를 좀 수월하게 익힐 방법을 알아보기로 해요. 자, 또 힘차게 가볼까요?

▶ Action ① 학습 어휘에 익숙해지는 비결

우리가 문법 공부를 하면서 '목적어, 부사, 전치사, 수식, … '

이런 용어들이 아직 어렵고 익숙하지 않지요?

이런 말들을 '학습 어휘'라고 하는데, 대부분 '한자어'로 되어 있어요.

이런 한자어들을 조금이라도 수월하게 익힐 방법은 없을까요?

세상엔 공짜가 없는 법이라 노력 없이 되는 건 하나도 없어요.

그래서 노력이 좀 필요하지만 이런 말에 익숙해질 수 있는 '비결'이 있어요.

돈도 하나도 안 들고, 그냥 우리 <행동 습관 세 가지>만 바꾸면 된답니다.

첫째는, 반드시 '소리 내어 설명해보는 습관'을 들여야 해요.

이런 한자어들은 '개념'을 나타내는데, 우리가 어떤 개념을 잘 이해했는지

알아보려면 그 개념에 대해 '스스로 소리 내어 설명'을 해봐야 해요.

지금 우리가 하고 있는 '쌤놀이'가 개념을 깨우치는 최고의 방법이에요.

둘째는, '귀찮아도 찾아보는 습관'을 가져야 해요.

모르는 낱말이나 알았는데 까먹은 용어가 있다면 검색해서 꼭 찾아보세요.

찾아보는 습관과 그냥 넘어가는 습관은 나중에 엄청난 차이를 만들어요.

1등을 하는 사람과 1등을 부러워만 하는 사람의 차이가 거기서 시작돼요.

Action ② 형용사와 부사가 없다면 어떻게 될까?

셋째는, '거꾸로 생각해보는 습관'이에요.

어떤 용어가 잘 이해가 안 되면 한번 '거꾸로 생각'을 해보세요.

예를 들어, '형용사, 부사, 전치사', 이런 용어가 아직 어렵게 느껴진다면,

이렇게 한번 생각해보세요. 만약에 '형용사, 부사, 전치사' 같은 말들이

세상에서 갑자기 사라져 버린다면 어떤 일이 발생할까요?

먼저 "hot(뜨거운), cold(차가운), quick(빠른), slow(느린), thick(두꺼운), thin(얇은), …"

이런 낱말들이 '형용사'인데, 이런 말들이 싹 사라져버리면 어떻게 될까요?

세상 모든 것들에 대한 상태, 성질, 모양을 표현하는 말이 없어지니까

이것과 저것을 '구별'하거나 '비교'도 할 수 없겠죠?

그리고 '부사'는 문장에서 다음과 같은 물음에 답이 될 수 있는 낱말들이에요.

① 어떻게?	quickly(빨리) / slowly(천천히) / happily(행복하게), …
② 언제?	soon(곧) / today(오늘) / now(지금), …
③ 어디에?	outside(밖에) / inside(안에) / upstairs(위층에), …
④ 얼마 정도?	very(매우) / always(항상) / sometimes(가끔), …

이런 말들이 갑자기 사라지면 세상이 어떻게 될지 상상을 해보세요.

엄청난 혼란이 오지 않겠어요? 대체 뭐가 어떻게 되는지 알 수가 없어지니까요.

Action ③ 전치사가 없다면 어떻게 될까?

이렇게 공부해요 ✌ 소리 내어 읽으면서 이해합니다. ✌ 내용을 보면서 선생님이 가르치듯 쌤놀이를 합니다. ✌ 확인란에 체크!

마지막으로, '전치사'란 낱말도 한번 살펴보면요, 전치사는 아래와 같이

<전치사 + (관사) + 명사>로 '전치사구'를 이뤄 형용사나 부사처럼 쓰이거든요.

① 위치	on the tree / under the table / in London, …
② 때	at 7:00 / on Monday / after dinner, …
③ 방향	to school / along the river / through the door, …

이 '전치사구'들이 세상에서 사라져 버리면 어떻게 될까요?

물건을 쓰고 어디 뒀는지, 약속 시간이 언젠지, 내가 어디로 가는지,

이런 말들을 전혀 표현할 수가 없어져요.

그래서 '형용사, 부사, 전치사' 같은 말이 갑자기 사라져 버리면,

세상은 모든 게 정말 엉망으로 꼬여버리고 말 거예요.

이제 형용사, 부사, 전치사 같은 말들이 얼마나 중요한지 알겠죠?

이번 시간에는 낯선 한자 용어들을 익히고 개념을 이해하는 데

큰 도움이 되는 '행동 습관 세 가지'를 배웠어요.

'① 소리내어 설명 해보고, ② 모를 때 찾아보고, ③ 거꾸로 생각해보는 습관'을

가지면 문법 개념들이 머릿속에 쏙쏙 채워질 거예요. 꼭 실천해 보세요! 👨

소리 내어 읽었나요? 1회 ☐ 2회 ☐ 쌤놀이를 했나요? Yes ☐ No ☐

▲H 놀이 확인문제

✌ 쌤놀이 내용을 떠올리며 빈칸을 채워봅니다. ✌ 쌤놀이 내용을 참고해도 됩니다. ✌ 답 확인 후 소리 내어 읽어보세요.

빈칸에 들어갈 알맞은 말을 써보세요.

1 학년이 올라갈수록 ① ☐☐☐ 로 된 용어들이 많이 등장해요.

이런 어려운 말들을 ② ☐☐ 어휘라고 해요.

학습 어휘들 중에는 한자어가 90%가 넘어요.

2 한자어, 학습 어휘, 이런 게 중요한 이유는,

이런 용어들이 ① ☐☐ 을 나타내기 때문이에요.

3 한자 용어들에 익숙해지는 비결로 '행동 습관 세 가지'가 있어요.

첫째, 반드시 '① ☐☐ 내어 ② ☐☐ 해보는 습관'을 들여야 해요.

둘째, 모르는 말은 검색해서 꼭 '③ ☐☐ 보는 습관'을 가져야 해요.

셋째, 어떤 말이 잘 이해가 안 되면 '④ ☐☐☐ 생각해보는 습관'을 가져보세요.

4 '거꾸로 생각해보는 습관'에 따라, 이런 상상을 해볼 수 있어요.

만약 세상에서 갑자기 '형용사, 부사, 전치사'가 사라져 버리면 어떻게 될까?

먼저 ① ☐☐☐ 란 낱말들이 사라져 버린다면

이것과 저것을 ② ☐☐ 하거나 ③ ☐☐ 할 방법이 없어져요.

5 부사는 '어떻게, ① ☐☐ , 어디에, 얼마 정도'를 나타내고,

전치사구는 '② ☐☐ , 때, 방향' 등을 나타내는 말인데,

이런 말들이 사라져 버린다면, 세상은 엄청나게 혼란스러워질 거예요.

익힘
문제

이렇게 공부해요

문제를 풀 때 절대 페이지를 넘겨보지 마세요!(쌤놀이 해설이 있음)

100점 맞기 위해서가 아니라 뭘 모르는지 알기 위해 문제를 풀어보는 거랍니다.^^

A 다음 밑줄 친 '부사'는 어떤 정보를 표현하는지 아래 상자에서 찾아 번호를 써보세요.

① 어떻게	② 언제	③ 어디서	④ 얼마 정도

❶ The monkey ate a banana <u>quickly</u>.   → _____

(그 원숭이는 빨리 바나나를 먹었다.)

❷ The package comes <u>today</u>.   → _____

(그 택배는 오늘 온다.)

❸ The kids play <u>outside</u> <u>sometimes</u>. [2개]   → _____ , _____

(그 아이들은 가끔 밖에서 논다.)

B 다음 밑줄 친 '전치사구'는 어떤 정보를 표현하는지 아래 상자에서 찾아 번호를 써보세요.

① 위치(장소)	② 때	③ 방향

❶ John put the book <u>on the desk</u>.   → _____

(John은 책상 위에 그 책을 놓았다.)

❷ Mike met the girl <u>on Christmas</u>.   → _____

(Mike는 그 소녀를 크리스마스 날에 만났다.)

❸ Susan jogs <u>along the river</u> <u>in the afternoon</u>. [2개]   → _____ , _____

(Susan은 오후에 강을 따라 조깅한다.)

C 다음 문장에서 사용된 '수식'(밑줄 친 부분)이 어떤 경우에 해당하는지 아래 상자에서 찾아 번호를 써보세요.

① 형용사의 명사 수식   ② 부사의 동사 수식

③ 전치사구의 명사 수식   ④ 전치사구의 동사 수식

❶ The <u>old</u> man made a toy.   → _____

(그 나이든 남자가 한 장난감을 만들었다.)

❷ The dog barked <u>loudly</u>.   → _____

(그 개는 시끄럽게 짖었다.)

❸ The kids <u>in the room</u> ate the cookies.   → _____

(그 방의 아이들은 쿠키를 먹었다.)

❹ A cat napped <u>on the sofa</u>.   → _____

(한 고양이가 소파 위에서 낮잠을 잤다.)

❺ The <u>small</u> boy caught the thief <u>bravely</u>. [2개]   → _____ , _____

(그 작은 소년이 용감하게 도둑을 잡았다.)

❻ The girl sang a song <u>happily</u> <u>on the stage</u>. [2개]   → _____ , _____

(그 소녀는 무대 위에서 행복하게 노래를 불렀다.)

❼ <u>Many</u> people <u>at the airport</u> read newspapers <u>quietly</u> <u>in the morning</u>.
[4개]

(공항의 많은 사람들이 아침에 조용히 신문을 읽는다.)   → ___ , ___ , ___ , ___

익힘 문제풀이

정답과 풀이를 보며 채점을 합니다. 틀렸거나 헷갈리는 문제는 해설을 읽어보고 쌤놀이로 설명해봅니다. 모든 문제의 해설을 읽어보면 복습에 큰 도움이 됩니다.

▶ 풀이

1번은 원숭이가 먹었는데 어떻게 먹었어요? 'quickly(빨리)'. 그래서 답은 ①번이에요.

오는데 언제 와요? 'today(오늘)', 그래서 답은 ②번.

노는데 어디에서? 'outside(밖에서)', 얼마만큼(정도)? 'sometime(가끔)' 그래서 답은 ③번과 ④번이 돼요.

A 다음 밑줄 친 '부사'는 어떤 정보를 표현하는지 아래 상자에서 찾아 번호를 써보세요.

① 어떻게	② 언제	③ 어디서	④ 얼마 정도

① The monkey ate a banana quickly. → ❶
(그 원숭이는 빨리 바나나를 먹었다.)

② The package comes today. → ❷
(그 택배는 오늘 온다.)

③ The kids play outside sometimes. [2개] → ❸ , ❹
(그 아이들은 가끔 밖에서 논다.)

▶ 풀이

1번은 '책상 위에'라는 위치(장소)에 책을 놓아 둔 거죠. 그래서 답은 ①번이에요.

만났는데 언제 만났어요? 'on Christmas(크리스마스에)' 그래서 답은 ②번.

조깅을 하는데 어느 방향으로 조깅을 하냐 하면 'along the river(강을 따라)'하고, 또 언제 조깅을 하냐 하면 'in the afternoon(오후에)' 하니까 답은 ③번과 ②번이 돼요.

B 다음 밑줄 친 '전치사구'는 어떤 정보를 표현하는지 아래 상자에서 찾아 번호를 써보세요.

① 위치(장소)	② 때	③ 방향

① John put the book on the desk. → ❶
(John은 책상 위에 그 책을 놓았다.)

② Mike met the girl on Christmas. → ❷
(Mike는 그 소녀를 크리스마스 날에 만났다.)

③ Susan jogs along the river in the afternoon. [2개] → ❸ , ❷
(Susan은 오후에 강을 따라 조깅한다.)

C 다음 문장에서 사용된 '수식'(밑줄 친 부분)이 어떤 경우에 해당하는지 아래 상자에서 찾아 번호를 써보세요.

> ① 형용사의 명사 수식   ② 부사의 동사 수식
> ③ 전치사구의 명사 수식   ④ 전치사구의 동사 수식

❶ The <u>old</u> man made a toy.   → _____ **❶**
(그 나이든 남자가 한 장난감을 만들었다.)

❷ The dog barked <u>loudly</u>.   → _____ **❷**
(그 개는 시끄럽게 짖었다.)

❸ The kids <u>in the room</u> ate the cookies.   → _____ **❸**
(그 방의 아이들은 쿠키를 먹었다.)

❹ A cat napped <u>on the sofa</u>.   → _____ **❹**
(한 고양이가 소파 위에서 낮잠을 잤다.)

❺ The <u>small</u> boy caught the thief <u>bravely</u>. [2개]   → __**❶** , **❷**__
(그 작은 소년이 용감하게 도둑을 잡았다.)

❻ The girl sang a song <u>happily</u> <u>on the stage</u>. [2개]   → __**❷** , **❹**__
(그 소녀는 무대 위에서 행복하게 노래를 불렀다.)

❼ <u>Many</u> people <u>at the airport</u> read newspapers <u>quietly</u> <u>in the morning</u>.
[4개]
(공항의 많은 사람들이 아침에 조용히 신문을 읽는다.)   → __**❶** , **❸** , **❷** , **❹**__

▶ 풀이

1번은 형용사 'old(나이든)'가 명사 'man'을 꾸며주죠. 그래서 답은 ①번 이에요.

개가 '어떻게' 짖는지 'loudly(시끄럽게)'가 동사를 꾸며주죠. 그래서 답은 ②번.

'그 방에 있는' 아이들로 'in the room'이 'kids'를 뒤에서 꾸며줘요. 답은 ③번이에요.

낮잠을 어디에서 자고 있는지 'on the sofa'가 'napped'를 꾸며주죠. 답은 ④번이 돼요.

형용사 'small'은 명사 'boy'를 꾸며주고, 부사 'bravely' 어떻게 잡았는지 동사를 꾸며주고 있어요. 그래서 답은 ①번과 ②번이에요.

노래를 어떻게 불렀는지 'happily'가 동사 'sang'을 꾸며주고, 또 어디에서 노래를 했는지 'on the stage'도 동사를 더 자세히 설명해주고 있죠. 그래서 답은 ②번과 ④번이에요.

형용사 'many(많은)'는 명사 'people'을 앞에서 꾸며주고, 'at the airport(공항에 있는)'는 명사 뒤에서 꾸며주고 있어요. 부사 'quietly(조용히)'는 신문을 어떻게 읽는지, 또 'in the morning(아침에)'은 신문을 언제 읽는지 동사 'read'를 꾸며주고 있어요. 그래서 순서대로 답은 ①, ③, ②, ④번이 돼요.

한번 더
기억해요!

전치사의 쓰임 익히기

이렇게 공부해요 한글의 뜻과 영어를 여러 번 소리 내어 읽으면서 다양한 전치사의 쓰임을 익혀봅시다.

A 각 전치사가 어떻게 쓰이는지 소리 내어 읽어보면서 전치사 쓰임을 복습해봅시다.

1	2020년에	→ in 2020	11	뉴욕에	→ in New York
2	저녁식사 후에	→ after dinner	12	탁자 아래에	→ under the table
3	강을 따라	→ along the river	13	토요일에	→ on Saturday
4	창문을 통하여	→ through the window	14	건물 속으로	→ into the building
5	공항에	→ at the airport	15	시험 전에	→ before the test
6	7시에	→ at seven	16	아침에	→ in the morning
7	크리스마스에	→ on Christmas	17	책상 옆에	→ by the desk
8	울타리 위로	→ over the fence	18	다리를 가로질러	→ across the bridge
9	2년 동안	→ for two years	19	여기부터	→ from here
10	여름에	→ in summer	20	거기까지	→ to there

B 전치사가 문장 속에서 어떻게 쓰이는지 읽어보면서 전치사 쓰임을 복습해봅시다.

1 Harry는 계단 아래로 내려갔다. → Harry went down the stairs.

2 그 가게는 9시에 연다. → The store opens at 9:00.

3 그 소년들은 토요일에 축구를 한다. → The boys play soccer on Saturday.

4 그 여자는 아침에 노래를 부른다. → The woman sings in the morning.

5 Maria는 강을 따라 뛰었다. → Maria ran along the river.

6 Ted는 창문을 통하여 바람을 느꼈다. → Ted felt the breeze through the window.

7 그 남자는 다리를 가로질러 걸었다. → The man walked across the bridge.

8 Sally는 저녁식사 후에 산책을 한다. → Sally takes a walk after dinner.

9 Mike는 시험 전에 열심히 공부했다. → Mike studied hard before the test.

10 할머니는 10년 동안 런던에 살았다. → Grandma lived in London for ten years.

10
영어는 반복을 아주
싫어한다고요?

10
영어는 반복을 아주 싫어한다고요?

공부한 날. 〰〰〰 월 〰〰〰 일 〰〰〰 요일

이렇게공부해요 소리 내어 읽어보며 이해합니다. 선생님이 읽어주는 녹음 파일을 들어보면 더 좋습니다.

　지금까지 문장의 재료로 명사, 동사, 형용사, 부사, 전치사를 배웠어요. 여덟 개 품사 중 이제 세 가지 재료가 남았는데요. 이 중 '감탄사'라는 것은 그냥 단어의 뜻만 알면 되겠고, 나머지 '접속사'와 '대명사' 재료를 이번 시간에 배워보려고 해요.

　먼저 영어라는 언어의 특징 중 하나를 얘기해보면요, 영어는 '반복을 아주 싫어한다'는 거예요. 한 번 나온 말은 보다 간단한 말로 바꿔서 쓰고, 또 되풀이되는 부분이 있으면 없애는 것이 더 좋아요. 모든 언어가 이런 경향이 있지만 영어는 더 강하다는 얘기예요.

　이런 영어의 특징을 '접속사'와 '대명사' 재료로 나타낼 수 있어요. 접속사는 '이음(연결)의 원리'를 표현해주는데, 반복되는 말을 줄여주거나 생각을 논리적으로 연결시켜주는 역할을 맡아요. 대명사는 '바꿈(교체)의 원리'를 표현하는 낱말들인데, 앞에 나온 명사를 보다 간단하게 바꿔줄 수 있어요.

　'접속사'와 '대명사'에 대해서는 중요한 두 가지 개념을 알아야 해요.

　첫째, 우리말의 접속사와 영어의 접속사는 좀 달라요. 이 부분은 〈조금 더

136 쌤놀이 개념 영문법 1권

알아봐요!〉에서 살펴볼 거예요.

둘째, '명사'를 대신하는 '대명사'를 배우려면 '인칭'이라는 개념을 먼저 이해해야 해요. '인칭'이란 사람을 호칭하는, 즉 '사람을 부르는 방식'을 말하는데, 사람을 1인칭, 2인칭, 3인칭 세 가지로 구분해서 불러요. 만약에 '나'가 포함되면 '1인칭'이고, 나 없이 '너'가 포함되면 '2인칭', '나' 또는 '너'가 없는 나머지는 모두 다 '3인칭'이에요. 대명사의 쓰임에서 우리말과 영어의 차이는 아래 예를 보면 알아요.

〈한국어〉 할머니는 조용히 걸으신다. 할머니는 천천히 요리하신다. 할머니는 내일 오신다.

〈영어〉 Grandma walks quietly. She cooks slowly. She comes tomorrow.

위에서처럼 우리말은 '할머니'라는 똑같은 명사를 계속 써도 어색하지 않아요. 하지만 영어에서는 'Grandma'라는 명사가 한번 나온 다음에는 곧바로 'She'라는 대명사로 바꿔 써줘야 해요.

이번 시간 '접속사'와 '대명사'를 끝으로, 문장에 들어갈 재료 소개를 모두 마쳤어요. 이 재료들을 가지고 더 맛있는 '문장 요리'를 만들어보도록 합시다!

▶ᴬᶜᵗⁱᵒⁿ **①** 접속사의 첫 번째 역할

영어의 특징 중 하나는 '반복을 아주 싫어한다'는 거예요.

한번 나온 말이 되풀이되지 않도록 그 부분을 없애버리거나

보다 간단한 말로 바꿔주는 것이 좋은 방법이에요.

이번 시간에는 그런 영어의 특징을 잘 표현해주는 낱말 재료로

'접속사'와 '대명사'를 배워보려고 해요.

먼저 '접속사'라는 걸 살펴보면요, 'and, but, so, or' 이런 말들이에요.

우리말과 맞춰보면 다음과 같아요.

and	but	so	or
~(하)고	~(하)나, ~지만	~해서	~거나, 또는

접속사의 역할은 두 가지로 첫째, <u>문장을 간결하게</u> 만들어 줘요.

아래 예처럼 불필요하게 되풀이되는 부분을 없애고 낱말을 연결해줘요.

- A monkey eats. A monkey runs.

  ⇒ A monkey eats. ~~A monkey~~ runs.

  ⇒ A monkey <u>eats</u> **and** <u>runs</u>. (한 원숭이가 먹고 달린다.)

- A quick monkey eats. A loud monkey eats.

  ⇒ A quick monkey eats. A loud ~~monkey eats~~.

  ⇒ A <u>quick</u> **and** <u>loud</u> monkey eats. (재빠르고 시끄러운 원숭이가 먹는다.)

 **놀이**

이렇게공부해요 ✌ 소리 내어 읽으면서 이해합니다. ✌ 내용을 보면서 선생님이 가르치듯 쌤놀이를 합니다. ✌ 확인란에 체크!

이어주는 말이 세 개 이상일 때는 다음과 같이 해주면 돼요.

- A monkey eats. A monkey runs. A monkey jumps.

  ⇒ A monkey <u>eats</u>. ~~A monkey~~ <u>runs</u>. ~~A monkey~~ <u>jumps</u>.

  　　　　　Ⓐ　　　　　　　　Ⓑ　　　　　　　　Ⓒ

  ⇒ A monkey <u>eats</u>, <u>runs</u>, and <u>jumps</u>.

  　　　　　Ⓐ,　　　Ⓑ,　and　Ⓒ

  　　　　　　　　↳ 접속사는 이어지는 제일 끝말 Ⓒ 앞에 써요.

접속사 역할 두 번째는, <u>생각을 연결시켜주는</u> 거예요.

각각 하나의 생각을 나타내는 두 문장이 있을 때, '접속사'로 연결시켜

한 문장으로 만들어 줘요. 이때 말하는 사람의 마음속에는 말하고자 하는

'생각의 논리'가 있어요. 그 생각의 논리에 적합한 접속사를 골라 써줘야 해요.

- Dad cleans. Mom cooks.

  ⇒ Dad cleans, and Mom cooks.

    (아빠는 청소를 하고, 엄마는 요리를 한다.)

- The girl ate quietly. The boy ate loudly.

  ⇒ The girl ate quietly, but the boy ate loudly. ('차이 · 반대'를 표현)

    (그 소녀는 조용히 먹었지만, 그 소년은 시끄럽게 먹었다.)

☑ 소리 내어 읽었나요? 1회 □ 2회 □ 쌤놀이를 했나요? Yes □ No □

Action ③ 인칭대명사 표

이렇게 공부해요 ✌ 소리 내어 읽으면서 이해합니다. ✌ 내용을 보면서 선생님이 가르치듯 쌤놀이를 합니다. ✌ 확인란에 체크!

마지막으로 '대명사' 재료에 대해 알아볼게요.

'대명사'는 앞에 나온 한 개 이상의 명사를 간단하게 대신할 수 있어요.

다음 <인칭대명사 표>는 앞에서 배운 '인칭'에 따라, '주어'로 쓰일 수 있는

대명사를 보여주고 있는데요, 이 단어들은 구구단 외우듯 익혀놔야 해요.

● 인칭대명사 표

		단수형		복수형
1인칭	나는	I	우리는	We
2인칭	너는	You	너희는	You
3인칭	그는	He	그들은 (그것들은)	They
	그녀는	She		
	그것은	It		

그럼 여러 개 나열된 명사를 대명사 하나로 대신하는 예를 보겠어요.

Jane, Kate, Tom, and Mike swim in the pool.

(Jane, Kate, Tom과 Mike는 수영장에서 수영을 한다.)

Jane, Kate, Tom, and Mike play baseball together, too.

(Jane, Kate, Tom과 Mike는 또한 함께 야구를 한다.)

↓

Jane, Kate, Tom, and Mike swim in the pool.

They play baseball together, too. (그들은 또한 함께 야구를 한다.)

긴 주어 부분을 'They'로 바꾸니까 한결 간단해졌지요?

이번 시간에는 '접속사'와 '대명사'로 문장을 간단하게 해주는 법을 배웠어요.

이렇게 문장 만들기에 점점 고수가 되어가니 기쁘지 않나요? 👨

소리 내어 읽었나요? 1회 □ 2회 □ 쌤놀이를 했나요? Yes □ No □

▲▲H 놀이 확인문제

✌쌤놀이 내용을 떠올리며 빈칸을 채워봅니다. ✌쌤놀이 내용을 참고해도 됩니다. ✌답 확인 후 소리 내어 읽어보세요.

빈칸에 들어갈 알맞은 말을 써보세요.

1 영어의 특징 중에 하나는 '반복을 아주 싫어한다'는 거예요.

① ☐☐☐ 와 ② ☐☐☐ 는 이런 영어의 특징을 잘 표현해줘요.

2 대표적인 접속사와 그 뜻은 다음과 같아요.

① ☐☐☐ → ~(하)고   ② ☐☐☐ → ~(하)나, ~지만

③ ☐☐ → ~해서   ④ ☐☐ → ~거나, 또는

3 '접속사'는 두 가지 역할을 해요.

첫째, 되풀이되는 말을 없애 '문장을 ① ☐☐ 하게' 만들어 줘요.

ⓐ A monkey eats. A̶ ̶m̶o̶n̶k̶e̶y̶ runs. → A monkey <u>eats</u> and <u>runs</u>.

둘째, 알맞은 접속사로 '생각을 ② ☐☐ 시켜주는 역할'을 해요.

ⓐ The girl ate quietly. The boy ate loudly.

→ The girl ate quietly, <u>but</u> the boy ate loudly.

4 '대명사'는 앞에 나온 한 개 이상의 명사를 간단하게 ① ☐☐ 할 수 있어요.

이 대명사는 '인칭', 즉 '사람을 ② ☐☐☐ 방식'을 세 가지로 나눠 붙여줘요.

만약에 ③ ☐ 가 포함되면 1인칭, 나 없이 ④ ☐ 가 포함되면 2인칭,

'나' 또는 '너'가 없는 나머지는 모두 다 ⑤ ☐ 인칭 대명사를 써줘요.

1. ① 접속사 ② 대명사 **2.** ① and ② but ③ so ④ or **3.** ① 간결(간단) ② 연결 **4.** ① 대신 ② 부르는 ③ 나 ④ 너 ⑤ 3

익힘 문제

이렇게 공부해요
문제를 풀 때 절대 페이지를 넘겨보지 마세요! (쌤놀이 해설이 있음)
100점 맞기 위해서가 아니라 뭘 모르는지 알기 위해 문제를 풀어보는 거랍니다.^^

A　주어진 '접속사'를 활용하여 <u>간결하게</u> 한 문장으로 만들어 보세요.

①　(and 활용)

A cute puppy runs. A cute puppy jumps.

→ _____

②　(and 활용)

A red monkey eats quickly. A red monkey eats loudly.

→ _____

③　(but 활용)

A small man runs in the park. A strong man runs in the park.

→ _____

④　(or 활용)

Dad drinks coffee in the morning. Dad drinks tea in the morning.

→ _____

B　주어진 '접속사'를 활용하여 <u>생각을 이어주는</u> 한 문장으로 만들어 보세요.

①　(and로 연결)

Mike read a book.
Paul made a toy.

→ _____

② (but으로 연결)

The girl did homework.

The boy played outside.

➜ _____

③ (but으로 연결)

The little hen worked in the field.

The big dog slept in the house.

➜ _____

④ (so로 연결)

Linda and Kate finished homework.

They watched a movie.

➜ _____

C 밑줄 친 부분을 대신하는 대명사를 빈칸에 써서 문장을 완성해보세요.

① Grandma walks slowly. _____ cooks quietly.

② Mr. Parker reads in the kitchen, but _____ writes in the room.

③ The mouse ran quickly. _____ hid behind the jar.

④ Arthur and Binky eat loudly. _____ shout happily.

⑤ Alice and I skate in the winter, but _____ swim in the summer.

⑥ You, Brian, and Sam laughed in the theater. _____ enjoyed together.

익힘 문제풀이

이렇게 공부해요

✌ 정답과 풀이를 보며 채점을 합니다. ✌ 틀렸거나 헷갈리는 문제는 해설을 읽어보고 쌤놀이로 설명해봅니다. ✌ 모든 문제의 해설을 읽어보면 복습에 큰 도움이 됩니다.

▶️ 풀이

같은 주어 'A cute puppy'가 반복되고 있죠. 그래서 그 부분을 없애고, 'runs and jumps'로 써주면서 문장을 간결하게 만들 수 있어요.

주어와 동사 'A red monkey eats'가 반복되고 있으니까 뒤의 부사 두 개를 'and'로 연결해서 'quickly and loudly'로 간결하게 써주면 돼요.

뒤 문장에서 반복되는 부분을 없애고 접속사 'but'을 써서 'small but strong(작지만 강한)'으로 연결해주면 간결한 문장이 된답니다.

역시 뒤 문장에서 반복되고 있는 부분을 없애버리고, 접속사 'or'를 써서 'coffee or tea(커피나 차)'로 연결시키면 한 문장으로 줄일 수 있어요.

A 주어진 '접속사'를 활용하여 간결하게 한 문장으로 만들어 보세요.

① (and 활용)

A cute puppy runs. ~~A cute puppy~~ jumps.

→ A cute puppy runs and jumps.

한 귀여운 강아지가 달리고 뛰어오른다.

② (and 활용)

A red monkey eats quickly. ~~A red monkey eats~~ loudly.

→ A red monkey eats quickly and loudly.

한 빨간 원숭이가 빠르고 시끄럽게 먹는다.

③ (but 활용)

A small man runs in the park. A strong ~~man runs in the park~~.

→ A small but strong man runs in the park.

한 작지만 강한 남자가 공원에서 달린다.

④ (or 활용)

Dad drinks coffee in the morning. ~~Dad drinks~~ tea ~~in the morning~~.

→ Dad drinks coffee or tea in the morning.

아빠는 아침에 커피나 차를 마신다.

▶️ 풀이

Mike와 Paul이 뭘 했는지 두 문장을 'and'로 이어줄 수 있어요. 접속사로 두 문장을 이어줄 때는 앞 문장 끝에 쉼표(,)를 찍어줘요.

소녀는 숙제를 했는데, 소년은 밖에서 놀았어요. 이렇게 서로 반대 되는 생각을 이어줄 때 접속사 'but'을 써서 두 문장을 한 문장으로 이어 쓸 수 있어요.

B 주어진 '접속사'를 활용하여 생각을 이어주는 한 문장으로 만들어 보세요.

① (and로 연결)

Mike read a book.
Paul made a toy.

→ Mike read a book, and Paul made a toy.

Mike는 책을 읽었고, Paul은 장난감을 만들었다.

② (but으로 연결)

The girl did homework.
The boy played outside.

→ The girl did homework, but the boy played outside.

소녀는 숙제를 했는데, 소년은 밖에서 놀았다.

③ (but으로 연결)

The little hen worked in the field.
The big dog slept in the house.

→ The little hen worked in the field, but the big dog slept in the house.
그 작은 암탉은 들에서 일을 했는데, 그 큰 개는 집에서 잠을 잤다.

④ (so로 연결)

Linda and Kate finished homework.
They watched a movie.

→ Linda and Kate finished homework, so they watched a movie.
Linda와 Kate가 숙제를 끝내서, 그들은 영화를 봤다.

암탉은 일을 했는데, 그 큰 개는 잠을 잤어요. 서로 반대되는 문장이니까 접속사 'but'을 써서 한 문장으로 이어서 쓸 수 있어요.

앞의 문장이 '원인'이 되고, 뒤 문장은 '결과'가 될 때 접속사 'so'를 써서 이어줄 수 있어요. 이렇게 두 문장 사이에서 생각의 흐름을 명확하게 나타내고 싶을 때 접속사를 써서 생각을 연결해줄 수 있답니다.

C **밑줄 친 부분을 대신하는 대명사를 빈칸에 써서 문장을 완성해보세요.**

① Grandma walks slowly. _____**She**_____ cooks quietly.
할머니는 천천히 걷는다. 그녀는 조용히 요리한다.

② Mr. Parker reads in the kitchen, but _____**he**_____ writes in the room. Parker 씨는 부엌에서 책을 읽지만, 방에서 글을 쓴다.

③ The mouse ran quickly. _____**It**_____ hid behind the jar.
그 생쥐는 빠르게 달렸다. 그것은 항아리 뒤에 숨었다.

④ Arthur and Binky eat loudly. _____**They**_____ shout happily.
Arthur와 Binky는 시끄럽게 먹는다. 그들은 행복하게 소리친다.

⑤ Alice and I skate in the winter, but _____**we**_____ swim in the summer. Alice와 나는 겨울에는 스케이트를 타지만, (우리는) 여름에는 수영을 한다.

⑥ You, Brian, and Sam laughed in the theater. _____**You**_____ enjoyed together. 너와 Brian과 Sam은 극장에서 웃었다. 너희들은 함께 즐겼다.

▶️ **풀이**

자, 'Grandma(할머니)'를 대신하는 대명사는? 네, 'She(그녀는)'죠. 문장의 첫 단어니까 대문자로 써줘요.

'Mr. Parker'는 남자를 나타내죠. 그래서 3인칭 남자 단수로 'he(그는)'를 써줘야 맞아요.

동물이나 사물을 나타내는 대명사는 'It(그것은)'이에요. 동물이나 사물을 사람에 빗대어 '의인화'가 된 경우에는, 앞 뒤 문장을 보면 남자인지 여자인지 알 수 있으니까 그때 'He'나 'She'로 정해서 써주면 돼요.

3인칭 복수의 경우죠. 그래서 대명사 'They(그들은)'를 써줘야 해요.

'Alice와 나는'으로 'I'가 포함되어 있으니까 1인칭 복수가 돼요. 따라서 1인칭 복수 대명사로 'we(우리는)'를 써야 해요.

'You'가 포함되어 있어서 2인칭 복수 '너희들은'이 돼요. 그래서 2인칭 복수 대명사는 'You'를 써줘야 해요.

영어와 우리말의 '접속사'는 달라요~

보충수업이에요. 앞으로 배울 내용과 연관되어 있으니 천천히 소리 내어 읽어보면서 이해합니다.

'Jack and I'란 말을 우리말로 ①번과 ②번 중 어떻게 말할까요?

① 잭 그리고 나는   ② 잭과 나는

네, ②번이죠. ①번도 꼭 틀린 것은 아니지만, 우리가 보통 그렇게 말을 안하죠. 단어장이나 다른 문법 책에서 'and = 그리고, but = 그러나, so = 그래서' 등, 이렇게 뜻풀이가 많이 되어 있는데요. 이게 머릿속에 콱 박혀버리면, 영어 접속사를 배울 때 좀 헷갈리는 경우가 있어요.

우리말의 '그리고, 그러나, 그래서, 그런데' 등은 문장을 시작할 때 쓸 수 있는 말이에요. 하지만, 영어의 접속사 'and, but, or' 등은 원래 역할이 문장을 시작할 때 쓰는 말이 아니에요. 이번 시간에 배웠던 것처럼, 두 단어를 연결시키거나 두 문장을 이어서 한 문장으로 만드는 일을 해요. 항상 두 단어 또는 두 문장의 중간에 위치하는 게 올바른 사용법이죠.

우리말의 '그리고, 그러나, …'에 해당하는 영어 단어는 고등학교에서 배우는 '접속부사' 'however(그러나), therefore(그러므로, 그래서), moreover(게다가), otherwise(그렇지 않으면)' 이런 말들과 같은 표현이에요. 지금은 좀 복잡하니까 이런 얘기는 나중에 고등학교에서 배우면 돼요.

우리가 지금 확실히 알아둘 내용은, 영어 접속사 'and, but, so, or'는 되도록 아래처럼 뜻을 기억해 두라는 말이에요. 그래야 우리말을 영어로 영작할 때 보다 수월하게 접속사를 써서 올바른 문장을 만들 수 있답니다. ^^

and ~와/과, ~고	but ~(하)나, ~지만	so ~해서	or ~거나, 또는

예 • 그 소년은 영어와 수학을 좋아한다. → The boy likes English and math.

• Tom은 열심히 공부했지만, Jim은 TV를 봤다. → Tom studied hard, but Jim watched TV.

• Sam은 열심히 공부해서 시험을 통과했다. → Sam studied hard, so he passed the test.

• 그 소녀는 오후에 책을 읽거나 피아노를 친다. → The girl reads books or plays the piano in the afternoon.

11

'Be동사'란 게
구원투수라고요?

11

'Be동사'란 게 구원투수라고요?

📅 공부한 날. ＿＿＿월 ＿＿＿일 ＿＿＿요일

이렇게 공부해요 소리 내어 읽어보며 이해합니다. 선생님이 읽어주는 녹음 파일을 들어보면 더 좋습니다.

뭐든지 기초가 튼튼해야 좋은 결과를 얻죠? 영어로 의사소통을 하기 위해 우리는 '영어 문장 만드는 법'을 열심히 배우고 있는데, 이런 문장에도 '기초'가 있었어요. 바로 '뿌리 문장 세 가지'라는 거였죠.

① 무엇이 어찌하다. ② 무엇이 어떠하다. ③ 무엇이 무엇이다.

지금까지 ①번 '무엇이 어찌하다.'와 여기에 목적어를 넣어서 '무엇이 무엇을 어찌하다.'를 영어로 어떻게 표현하는지 잘 배웠어요. 여기에 들어갈 문장의 재료로 '품사' 쓰는 법도 배웠고, 문장을 풍부하게 만들어주는 '영문법의 다섯 가지 원리'도 알아봤어요.

그래서 명사에서 '복수 명사 쓰기', 동사에서 '현재형과 과거형 쓰기', 형용사, 부사, 전치사의 '수식', 접속사, 대명사의 '연결과 바꿈'까지 각 낱말 재료들의 기초적인 쓰임새를 잘 익혔어요.

이제 드디어 뿌리 문장 ②번과 ③번을 만들어보려고 해요. 그런데 이 ②번, ③번 문장을 만들려고 할 때, ②번의 '어떠하다'와 ③번의 '무엇이다'를 바로 쓸 수 있는 영어 낱말이 없어요. 어? '어떠하다'는 형용사 낱말을 쓰고, '무엇

이다'는 명사 낱말을 쓰면 안 되나요? 답은 '그럴 수 없다'예요.

왜냐하면 첫째, 형용사의 정확한 의미는 '어떠하다'가 아니라 '어떠한'이에요. 예를 들어, 'happy'의 뜻은 '행복한'이지 '행복하다'가 절대 아니에요. 둘째, 명사는 '무엇'이나 '누구'만 나타내고, '무엇이다/누구이다'까진 표현하지 못해요. 4단원의 〈조금 더 알아봐요! Happy는 '행복하다'가 아니에요!〉에서 잠깐 살펴봤는데 기억나지요?

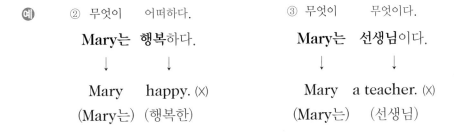

예 ② 무엇이 어떠하다. ③ 무엇이 무엇이다.
Mary는 행복하다. Mary는 선생님이다.
↓   ↓   ↓   ↓
Mary happy. (X) Mary a teacher. (X)
(Mary는) (행복한) (Mary는) (선생님)

이렇게 쓰면 완전한 문장이 안 돼요. 이 문제를 과연 어떻게 해결할 것인지가 이번 시간의 주제예요. 자, 그럼 또 힘차게 출발해볼까요? Let's Go!

▶ A c t i o n ❶ '행복한'은 '행복하다'가 아니에요

이렇게 공부해요 ✌소리 내어 읽으면서 이해합니다. ✌내용을 보면서 선생님이 가르치듯 쌤놀이를 합니다. ✌확인란에 체크!

영어로 우리 생각을 표현하는 기초로 '뿌리 문장 세 가지'를 배웠죠?

지금까지 뿌리 문장 ①번 '무엇이 어찌하다.'를 만들 수 있게 됐고,

여기에 '목적어'를 넣어 '무엇이 무엇을 어찌하다.'도 표현할 수 있게 됐어요.

이번 시간에는 드디어 뿌리 문장 ②번과 ③번을 만들어 보려고 해요.

예를 들어, 아래와 같은 말로 뿌리 문장 ②번과 ③번을 만들고 싶어요.

그런데 지금까지 배운 것으로는 이 두 문장을 만드는 데 문제가 좀 있어요.

② 무엇이	어떠하다.

메리는　　　행복하다.

↓　　　　　↓

명 Mary　　형 happy. (X)

(메리는)　　(행복한)

※ 우리말의 '어떠하다'는 영어의 '형용사'와
다르다고 했죠? 그래서 'happy'의 뜻은
'행복한'이지 '행복하다'를 나타낼 수 없어요.

③ 무엇이	무엇이다.

메리는　　　선생님이다.

↓　　　　　↓

Mary　　a teacher. (X)

(메리는)　　(선생님)

※ 영어에서 '명사'는 우리말의
'무엇이', '무엇을', '무엇에게'의 뜻으로만
쓸 수 있고, '무엇이다'는 나타낼 수 없어요.

그럼 도대체 '~(이)다'를 나타낼 수 있는 품사 재료가 뭘까요?

명사, 동사, 형용사, 부사, 전치사, 접속사, 대명사, 감탄사 중에서

동사 이외에는 딱히 '~(이)다'를 표현하는 말이 없는 것 같아요.

소리 내어 읽었나요? 1회 ☐ 2회 ☐ 쌤놀이를 했나요? Yes ☐ No ☐

 놀이

이렇게 공부해요 ✌ 소리 내어 읽으면서 이해합니다. ✌ 내용을 보면서 선생님이 가르치듯 쌤놀이를 합니다. ✌ 확인란에 체크!

게다가 동사는 '시간'을 표현할 수 있으니까, '메리는 행복했다.' 또는

'메리는 선생님이었다.'처럼 '과거'의 뜻도 나타내줄 수 있어요.

그런데 '~(이)다'에는 '움직임'이 없어서 일반적인 동사로는 안 될 것 같아요.

그래서 결론은, 주어 '무엇이' 바로 다음에 '동사'가 와야 하니까

뿌리 문장 ②번 '명사'와 '형용사'의 사이, ③번 '명사'와 '명사'의 사이에서

'움직임'의 뜻 없이 '이어주기(연결)'만 하면 되는 동사'가 필요해요.

그래서 등장하게 되는 구원투수가

바로 'Be동사'라는 특별한 녀석이에요.

이 'Be동사'는 움직임을 나타내는 다른

일반적인 동사의 변화 규칙 대신,

아래와 같이 <Be동사 변화표>가 따로 있어요.

Be동사

● Be동사 변화표

			현재형	과거형	동사원형
단수	1인칭	I	am	was	be
	2인칭	You	are	were	
	3인칭	He/She/It	is	was	
복수	1인칭	We	are	were	
	2인칭	You			
	3인칭	They			

☑ 소리 내어 읽었나요? 1회 ☐ 2회 ☐ 쌤놀이를 했나요? Yes ☐ No ☐

▶ Action ③ 'Be동사'의 세 가지 뜻

이렇게 공부해요 ✌ 소리 내어 읽으면서 이해합니다. ✌ 내용을 보면서 선생님이 가르치듯 쌤놀이를 합니다. ✌ 확인란에 체크!

Be동사가 동작의 뜻 없이 '주어'와 '동사 뒤의 말'을 연결만 해주고,

<Be동사 변화표>까지 따로 있으니까, Be동사는 특별동사가 되고,

동작을 나타내는 나머지 동사들은 일반동사라고 부르게 돼요.

그래서 동사는 '일반동사(동작동사)'와 'Be동사(연결동사)'로 나눌 수 있어요.

Be동사는 우리말의 '~이다 / ~하다 / ~에 있다', 이 세 가지 뜻을

다음과 같이 표현할 수 있어요.

(1) Be동사 뒤에 '명사' 재료가 오면   ⇒ ~이다/이었다

(2) Be동사 뒤에 '형용사' 재료가 오면   ⇒ ~하다/했다

(3) Be동사 뒤에 '전치사구'가 오면   ⇒ ~(장소)에 있다/있었다

이제 예문을 만들어 살펴보면 이렇게 돼요.

(1) Mary is a teacher.   ⇒ Mary는 선생님이다. ('Mary' → '선생님'을 연결)

(2) She is happy.   ⇒ 그녀는 행복하다. ('Mary' → '행복한'을 연결)

(3) She is in the classroom.   ⇒ 그녀는 교실에 있다. ('Mary' → '장소'를 연결)

이번 시간에는 뿌리문장 ②번 '무엇이 어떠하다.'와 ③번 '무엇이 무엇이다.'를

'Be동사'라는 '특별동사'를 가지고 어떻게 만드는지 배웠어요.

이로써 '기초 문장 만들기'가 모두 끝났어요. 정말 축하해요~! 😊

▲▲H 놀이 확인문제

✌ 쌤놀이 내용을 떠올리며 빈칸을 채워봅니다. ✌ 쌤놀이 내용을 참고해도 됩니다. ✌ 답 확인 후 소리 내어 읽어보세요.

빈칸에 들어갈 알맞은 말을 써보세요.

1 뿌리 문장 (2)번 '무엇이 ① ☐☐☐☐ .'와

(3)번 '무엇이 ② ☐☐☐☐ .'를

영어로 표현할 때 '어떠하다'와 '무엇이다'를 바로 쓸 수 있는 말이 없어요.

2 그래서 등장한 구원투수가 바로 ① ☐☐ 동사라는 특별한 동사예요.

Be동사는 ② ☐☐☐ 을 나타내는 다른 일반적인 동사의 변화 규칙 대신,

〈Be동사 변화표〉가 따로 있어요.

3 Be동사가 동작의 뜻 없이 '주어'와 '동사 뒤의 말'을 ① ☐☐ 만 해주고,

〈Be동사 변화표〉까지 따로 있으니까, Be동사는 ② ☐☐ 동사가 되고,

동작을 나타내는 나머지 동사들은 ③ ☐☐ 동사라고 부르게 됐어요.

4 Be동사는 우리말의 '～이다 / ～하다 / ～에 있다', 이 세 가지 뜻을

다음과 같이 표현할 수 있어요.

(1) Be동사 뒤에 ① ☐☐ 재료가 오면 ⇒ ～② ☐☐ ,

(2) Be동사 뒤에 ③ ☐☐☐ 재료가 오면 ⇒ ～④ ☐☐ ,

(3) Be동사 뒤에 ⑤ ☐☐☐☐ 가 오면

⇒ ～(장소)에 ⑥ ☐☐ 의 뜻이 돼요.

이렇게공부해요
문제를 풀 때 절대 페이지를 넘겨보지 마세요!(쌤놀이 해설이 있음)
100점 맞기 위해서가 아니라 뭘 모르는지 알기 위해 문제를 풀어보는 거랍니다.^^

A 다음 문장에서 알맞은 Be동사의 의미를 골라보세요.

① They are students.　　　① ~이다　　② ~하다　③ ~에 있다

② The cat is on the mat.　　① ~이다　　② ~하다　③ ~에 있다

③ John and Sally are kind.　① ~이다　　② ~하다　③ ~에 있다

B 한글 해석에 맞게 빈칸에 알맞은 <u>Be동사</u>를 써보세요. (※시제에 주의할 것.)

① 그 소녀는 매우 건강하다.

→ The girl _____ very healthy.

② Josh와 나는 지금 공항에 있다.

→ Josh and I _____ at the airport now.

③ Brian과 David는 의사이다.

→ Brian and David _____ doctors.

④ 하늘은 어제 맑았다.

→ The sky _____ clear yesterday.

⑤ 그 고양이와 개는 박스 안에 있었다.

→ The cat and dog _____ in the box.

C 다음 문장의 주어 자리에 들어갈 수 있는 것을 <u>모두</u> 고르세요.

① _____ were fresh.   ① The watermelon ② The apple and plum

③ A potato   ④ The bananas

② _____ are scientists.   ① They   ② Alice and Jessica

③ The man   ④ We

③ _____ is in the zoo.   ① People   ② Nancy and Joe

③ The monkey   ④ Tigers

D 다음 밑줄 친 부분들 중 <u>틀린</u> 곳을 찾아 바르게 고쳐보세요. (※틀린 곳의 <u>개수</u>는 괄호 안에 표시되어 있음.)

① The <u>student</u> were very <u>smart</u>. [1개]   → _____

② The hungry and thirsty fox <u>were</u> <u>under</u> the tree. [1개]

→ _____

③ <u>The children</u> are <u>happily</u>. [1개]   → _____

④ Kate and Julia <u>are</u> <u>kindly</u> <u>lady</u>. [2개]   → _____ , _____

익힘 문제풀이

▶ 풀이

Be동사 뒤에 명사가 와서 '무엇이 무엇이다' 형태예요. 그래서 답은 ①번이에요.

Be동사 뒤에 'on the mat'이란 전치사구가 왔어요. 그래서 답은 ③번.

Be동사 뒤에 형용사 'kind'가 와서 '무엇이 어떠하다' 형태예요. 답은 ②번이 돼요.

▶ 풀이

'건강하다'니까 현재형이고, 주어는 3인칭 단수니까 Be동사는 'is'가 맞아요.

'Josh와 나'는 '우리'로 1인칭 복수가 되고, 지금 있으니까 현재형. 따라서 1인칭 복수 현재형에 대한 Be동사는 'are'가 돼야 해요.

'Brian and David'는 '그들은'으로 3인칭 복수 주어이고, '~이다'니까 현재 형태죠. 그래서 3인칭 복수 현재형 'are'를 써줘야 해요.

'the sky(하늘)'는 3인칭 단수. '어제' 그랬으니까 과거형. 맞는 Be동사는 'was'가 돼요.

주어는 '고양이와 개'로 3인칭 복수가 되고, '있었다'이니까 과거형이죠. 3인칭 복수 주어의 Be동사 과거형은 'were'가 돼야 해요.

A 다음 문장에서 알맞은 Be동사의 의미를 골라보세요.

① They are students.
그들은 학생이다.
❶ ~이다   ② ~하다   ③ ~에 있다

② The cat is on the mat.
그 고양이는 매트 위에 있다.
① ~이다   ② ~하다   ❸ ~에 있다

③ John and Sally are kind.
John과 Sally는 친절하다.
① ~이다   ❷ ~하다   ③ ~에 있다

B 한글 해석에 맞게 빈칸에 알맞은 Be동사를 써보세요. (※시제에 주의할 것.)

① 그 소녀는 매우 건강하다.
→ The girl ____is____ very healthy.

② Josh와 나는 지금 공항에 있다.
→ Josh and I ____are____ at the airport now.

③ Brian과 David는 의사이다.
→ Brian and David ____are____ doctors.

④ 하늘은 어제 맑았다.
→ The sky ____was____ clear yesterday.

⑤ 그 고양이와 개는 박스 안에 있었다.
→ The cat and dog ____were____ in the box.

C 다음 문장의 주어 자리에 들어갈 수 있는 것을 <u>모두</u> 고르세요.

❶ _____ were fresh.
　　신선했다.
① The watermelon　❷ The apple and plum
　그 수박은　　　　　그 사과와 자두는
③ A potato　　　　❹ The bananas
　하나의 감자는　　　그 바나나들은

❷ _____ are scientists.
　　과학자들이다.
❶ They　　　　　　❷ Alice and Jessica
　그들은　　　　　　Alice와 Jessica는
③ The man　　　　❹ We
　그 남자는　　　　　우리는

❸ _____ is in the zoo.
　　동물원에 있다.
① People　　　　　② Nancy and Joe
　사람들은　　　　　Nancy와 Joe는
❸ The monkey　　④ Tigers
　그 원숭이는　　　　호랑이들은

D 다음 밑줄 친 부분들 중 틀린 곳을 찾아 바르게 고쳐보세요. (※틀린 곳의 <u>개수</u>는 괄호 안에 표시되어 있음.)

❶ The <u>student</u> were very smart. [1개]　　→ ___ students ___
　그 학생들은 매우 영리했다.

❷ The hungry and thirsty fox <del>were</del> <u>under</u> the tree. [1개]
　그 배고프고 목마른 여우는 나무 아래에 있었다.　　→ ___ was ___

❸ <u>The children</u> are <del>happily</del>. [1개]　　→ ___ happy ___
　그 아이들은 행복하다.

❹ Kate and Julia are <del>kindly</del> <del>lady</del>. [2개]　　→ ___ kind , ladies ___
　Kate와 Julia는 친절한 숙녀들이다.

▶ 풀이

동사로 'were'가 쓰였으니까, 주어는 '복수형'이 돼야겠죠. 복수 형태인 ②번과 ④번이 정답이에요.

이 문제의 동사는 'are'로 주어가 복수 형태가 돼야 해요. 복수 형태를 골라보면 ①, ②, ④번이 답이 돼요.

동사는 'is'로 주어가 단수여야 해요. 보기에서 단수 형태는 ③번뿐이에요.

▶ 풀이

단수 명사 'student(학생)'와 형용사 'smart(영리한)'에 밑줄이 쳐져 있는데, '무엇이 어떠했다'를 나타내니까 Be동사 뒤에는 형용사 형태가 오는 게 맞아요. 그런데, 동사를 보니까 복수 주어가 필요한 'were'예요. 따라서 주어는 'The students(그 학생들은)'로 복수형을 써줘야 맞아요.

'배고프고 목마른 여우'로, 주어는 단수예요. 그런데, Be동사가 복수형인 'were'로 써져서 틀렸어요. Be동사를 'was'로 고쳐야 해요.

3인칭 복수 주어니까 Be동사는 'are'가 맞아요. 그런데 '그 아이들은 행복하다'로 '무엇이 어떠하다'는 문장은 Be동사 뒤에 형용사 형태가 와야 해요. 그래서 'happy'로 고쳐야 해요.

'Kate와 Julia는 친절한 숙녀들이다.'라는 뜻인데, be동사는 복수 주어에 맞게 'are'를 썼지만 뒤에 '친절한 숙녀들'이란 표현이 틀렸어요. 그래서 'kindly(친절하게)'는 'kind(친절한)'로, 'lady(숙녀)'는 'ladies(숙녀들)'로 고쳐 써줘야 올바른 문장이 돼요.

한번 더 기억해요!

인칭대명사 표와 Be동사 변화표 되새겨보기

이렇게 공부해요 구구단 외우듯 달달 암기해야 할 '인칭대명사 표'와 'Be동사 변화표'입니다. 반복해서 익혀둡니다.

A 연하게 써진 대명사들을 따라 써보며 '인칭'과 '수'에 따른 대명사를 복습해봅시다.

● 인칭대명사 표

	단수형		복수형	
1인칭	나는	I	우리는	We
2인칭	너는	You	너희는	You
3인칭	그는	He	그들은 (그것들은)	They
	그녀는	She		
	그것은	It		

B 연하게 써진 Be동사들을 따라 써보며 '인칭'과 '시제'에 따른 Be동사를 복습해봅시다.

● Be동사 변화표

			현재형	과거형	동사원형
단수	1인칭	I	am	was	be
	2인칭	You	are	were	
	3인칭	He/She/It	is	was	
복수	1인칭	We	are	were	
	2인칭	You			
	3인칭	They			

12
'보어'라는 건 또 뭐예요?

12

'보어'라는 건 또 뭐예요?

📅 공부한 날. ᎃᎃᎃᎃ 월 ᎃᎃᎃᎃ 일 ᎃᎃᎃᎃ 요일

이렇게 공부해요 소리 내어 읽어보며 이해합니다. 선생님이 읽어주는 녹음 파일을 들어보면 더 좋습니다.

지난 시간까지 '기초 영어 문장 만드는 법'을 다 배웠어요. 세 가지 뿌리 문장 형태를 영어로 모두 잘 만들 수 있게 됐고, 문장의 재료인 여러 가지 '품사의 기본 개념과 쓰임새'도 익혔어요. 그래서 이제 단어만 알면 수많은 영어 문장을 만들 수 있을 것 같아요. 기초적이지만 영어로 의사소통을 나름 해낼 수 있게 된 거죠.

이번 시간에는 '보어'라는 새로운 용어도 하나 배우고, 또 지금까지 배운 몇 가지 개념을 다시 한번 정리해 보겠어요. '용어'라고 하면 또 어려운 한자 어냐고 귀찮아할 친구들 많을 거예요. 하지만 우리가 '용어'를 배우고 쓰는 이유는 공부할 때 더 편리하게 써먹기 위해서예요.

예를 들어 누구랑 신형 스마트폰의 기능에 대해 얘기를 나누는데, 상대방이 '문자 전송, 복사, 붙여넣기, 유튜브 동영상, 앱, 와이파이, LTE', 이런 기본 '용어'조차 모른다면 대략 난감한 상황이 발생하겠죠? 반대로 그런 용어를 잘 알고 있으면 복잡한 기능 얘기도 쉽게 나눌 수 있어요.

이처럼 용어는 '개념을 압축해서 한번에 전달해주는 편리함'이 있기 때문에

익숙해지면 굉장히 편리해져요. 다음 '용어'들은 이번 시간에 명확히 정리해볼

말들이에요. 나중에 참고할 때 한눈에 볼 수 있도록 표로 정리했어요.

일반동사	'어찌하다'라는 '움직임'을 나타내는 낱말들
Be동사	주어와 Be동사 뒤의 말을 '연결'시켜주는 낱말
목적어	'동작을 받는 대상'이 되는 말(=동사의 대상어)로 우리말의 '무엇을(누구를) / 무엇(누구)에게'에 해당되는 말
자동사	동사 뒤에 '목적어'가 없는 동사
타동사	동사 뒤에 '목적어'가 있는 동사
보어	'보충 설명어'의 줄임말로, Be동사 뒤에서 '주어'의 상태나 정체를 나타내는 말

앞으로도 문법 공부에서 '새로운 용어'가 계속 나올 거예요. 그런 용어들에

대해 너무 거부감 갖지 말고 잘 익혀놓도록 합시다. 우리가 영어 문장을 보다

잘 이해하고, 또 더 쉽게 만들어내는 데 아주 편리한 도구가 되어줄 거예요.

Action ① 일반동사와 Be동사의 구분

이번 시간에는 '보어'라는 말과 지금까지 배운 개념을 정리해보려고 해요.

먼저 동사는 '일반동사'와 'Be동사'로 구분되는데 그 차이점을 정리해봅시다.

● 일반동사 : 동작동사(Action verb)라고도 불러요.

　'무엇이 어찌하다.'에서 주어가 일으키는 '움직임'을 나타내요.

　뒤에 동작을 받는 '대상'이 추가되면, 그 대상을 '목적어'라고 해요.

　뒤에 목적어가 없는 동사는 '자동사', 있는 동사는 '타동사'라고 불러요.

A monkey **eats** quickly.	A monkey **eats** a banana quickly.
(자동사)	(타동사)　(목적어)

● Be동사 : 연결동사(Linking verb)라고도 불러요.

　'무엇이 어떠하다.', '무엇이 무엇이다.'에서 주어와 Be동사 뒤의 말을

　'연결'시켜줘요. Be동사 뒤의 말은 주어의 '상태'나 '정체'를 나타내요.

　이 '상태'나 '정체'를 나타내는 말은 주어를 '보충 설명'해줘요.

　　　　＜무엇이 어떠하다.＞　　　　　　　　　＜무엇이 무엇이다.＞

　　A boy is ｜ happy ｜.　　　　　A boy is ｜ a student ｜.

　　　　　(주어의 상태)　　　　　　　　　　　(주어의 정체)

Action 2 목적어와 보어의 구분

이렇게공부해요 ✌ 소리 내어 읽으면서 이해합니다. ✌ 내용을 보면서 선생님이 가르치듯 쌤놀이를 합니다. ✌ 확인란에 체크!

자, 그럼 이번 시간에 배울 '보어'란 말을 목적어와 구별해서 살펴봅시다.

● 목적어 일반동사 뒤에 오는 '동작을 받는 대상'을 가리키는 말이에요.

주어	+	일반 동사	+	목적어

<무엇이 무엇을 어찌하다.>

A monkey   eats   a banana.

이 '바나나'라는 '명사'는 '먹는다'는 동작을
받는, 즉 '먹히는 대상'이에요.
그래서 주어인 원숭이와 목적어인 바나나는
<u>같을 수가 없어요</u>.

monkey ≠ banana

● 보어 Be동사 뒤에 와서 주어의 '상태'나 '정체'를 나타내는 말이에요.

주어	+	Be동사	+	보어

<무엇이 어떠하다.>와 <무엇이 무엇이다.>

Tom   is   happy.   (상태) → '형용사'를 써요.

Tom   is   a student.   (정체) → '명사'를 써요.

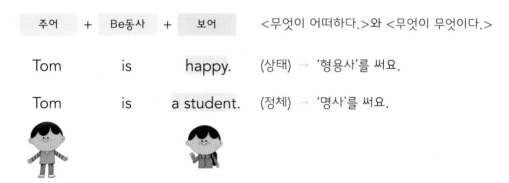

Tom = happy / Tom = student

주어의 '상태'나 '정체'를 나타내면서 주어를
'보충 설명'하고 있기 때문에 주어와 보어는
<u>같은 셈이에요</u>.

이렇게공부해요 ✌ 소리 내어 읽으면서 이해합니다.　✌ 내용을 보면서 선생님이 가르치듯 쌤놀이를 합니다.　✌ 확인란에 체크!

'목적어'나 '보어'나 둘 다 똑같이 동사 뒤에서 의미를 더해주는데,

굳이 구분을 할 필요가 있을까요? 예를 들어, 다음 두 문장을 보세요.

• Sam eats a cookie. (쿠키 ⇒ 명사 → 목적어)

• Sam is a student. (학생 ⇒ 명사 → 보어)

'쿠키'나 '학생'이나 둘 다 '명사'이고, 동사 뒤에 왔고, 도대체 뭐가 다를까요?

물론 일반동사 뒤에는 목적어가 오고 Be동사 뒤에는 보어가 오지만,

동사 뒤에 오는 낱말이 항상 '명사 재료'만 쓰인다면

'목적어'와 '보어'를 구분할 필요가 전혀 없어요.

그런데 문제는, 동사 뒤에 목적어로 '대명사'가 쓰일 수도 있고,

또 동사 뒤에 보어로 '형용사'가 쓰일 수도 있는 거예요.

• Sam eats them. (그것들 ⇒ 대명사 → 목적어)

• Sam is smart. (영리한 ⇒ 형용사 → 보어)

특히 다음 시간에 자세히 배울 '대명사의 격변화 규칙' 때문에

'주어 자격의 대명사'와 '목적어 자격의 대명사'는 형태가 완전히 달라요.

게다가 '형용사'가 쓰일 자리에 모양이 비슷하다고 '부사'를 쓰면 틀려요.

왜냐하면 '형용사와 부사의 쓰임'이 다르기 때문이에요.

이번 시간에는 개념을 정리하면서 영어 문장을 더 잘 이해하게 됐어요.

문법은 개념을 깨우치는 게 핵심인 거, 잘 알죠? 꼭 기억합시다~ 🧑

소리 내어 읽었나요? 1회 ☐ 2회 ☐ 쌤놀이를 했나요? Yes ☐ No ☐

▲▲H 놀이 확인문제

이렇게공부해요

✌쌤놀이 내용을 떠올리며 빈칸을 채워봅니다. ✌쌤놀이 내용을 참고해도 됩니다. ✌답 확인 후 소리 내어 읽어보세요.

빈칸에 들어갈 알맞은 말을 써보세요.

1 일반동사는 ① ☐☐ 동사(Action Verb)라고도 불러요.

'무엇이 어찌하다.'에서 주어가 일으키는 ② ☐☐☐ 을 나타내요.

뒤에 목적어가 <u>없는</u> 동사는 ③ ☐☐☐ , <u>있는</u> 동사는 ④ ☐☐☐

라고 불러요.

2 Be동사는 ① ☐☐ 동사(Linking Verb)라고도 불러요.

주어와 Be동사 뒤의 말을 ② ☐☐ 시켜줘요.

Be동사 뒤의 말은 주어의 '상태'나 '정체'를 나타내요.

3 '목적어'란 일반동사의 동작을 받는 ① ☐☐ 을 가리키는 말이에요.

예 A monkey eats a banana.

(■목적어 ⇒ 먹히는 대상 → ② ☐☐ 재료)

4 '보어'란 Be동사 뒤에 와서 주어의 ① ☐☐ 나 ② ☐☐ 를 나타내는

말이에요.

예 Tom is happy. (■보어 ⇒ 주어의 '상태' → ③ ☐☐☐ 재료)

예 Tom is a student. (■보어 ⇒ 주어의 '정체' → ④ ☐☐ 재료)

5 목적어나 보어나 동사 뒤에서 문장의 의미를 더해주는 점은 똑같아요.

하지만 일반동사 뒤 목적어 자리에 ① ☐☐☐ 가 쓰일 수도 있고

Be동사 뒤 보어 자리에 ② ☐☐☐ 가 쓰일 수도 있어요.

그때 형태에 맞는 말을 써야 하기 때문에 목적어와 보어를 구분하는 거예요.

1. ① 동작 ② 움직임 ③ 자동사 ④ 타동사 **2.** ① 연결 ② 연결 **3.** ① 대상 ② 명사 **4.** ① 상태 ② 정체 ③ 형용사 ④ 명사 **5.** ① 대명사 ② 형용사

익힘
문제

이렇게 공부해요
문제를 풀 때 절대 페이지를 넘겨보지 마세요!(쌤놀이 해설이 있음)
100점 맞기 위해서가 아니라 뭘 모르는지 알기 위해 문제를 풀어보는 거랍니다.^^

A 밑줄 친 부분이 '목적어'인지 '보어'인지 고르세요.

① The thirsty boy drank <u>water</u>.   ① 목적어   ② 보어

② The boy was <u>thirsty</u>.   ① 목적어   ② 보어

③ The bear ate <u>a big fish</u> in the morning.   ① 목적어   ② 보어

④ Mrs. Wilson is <u>a kind doctor</u>.   ① 목적어   ② 보어

B 다음 문장의 빈칸에 들어갈 말로 알맞은 것을 고르세요.

① Hank _____ warm and kind.
   ① were   ② show   ③ is

② Sally needs _____.
   ① happy   ② a pencil   ③ good

③ Ted and Jean were _____.
   ① nicely   ② school   ③ hungry

C 다음 문장의 빈칸에 들어갈 수 있는 것을 <u>모두</u> 고르세요.

➊ The food _____ fresh and nice.

　① eats　　　② was　　　③ cooked　　　④ sweet

➋ Bob _____ a nice toy.

　① made　　　② were　　　③ broke　　　④ are

➌ The kids in the room _____ happy.

　① read　　　② sleep　　　③ was　　　④ were

D 다음 괄호에서 알맞은 말을 골라 동그라미 표시하세요.

➊ The boys play (happy / happily) in the park.

➋ The boys were (happy / happily).

➌ Linda studied (good / math) after school.

➍ Simon and Mary (were / watched) the movie (yesterday / now).

익힘 문제풀이

👇 정답과 풀이를 보며 채점을 합니다. 👆 틀렸거나 헷갈리는 문제는 해설을 읽어보고 쌤놀이로 설명해봅니다. ✌️ 모든 문제의 해설을 읽어보면 복습에 큰 도움이 됩니다.

▶️ 풀이

'drank(마셨다)'는 동작동사예요. 명사 'water'는, 목마른 소년이 마셨는데 뭘 마셨는지 마신 '대상'을 나타내고 있죠. 그래서 '목적어'예요.

'무엇이 어떠하다'는 문장이에요. 그래서 형용사 'thirsty(목마른)'는 Be동사 뒤에 와서 '보어'로 쓰이는 말이에요.

'a big fish'는 동작동사 'ate(먹었다)' 뒤에서 뭘 먹었는지 먹은 대상을 나타내고 있어요. 그래서 '목적어'가 돼요.

'무엇이 무엇이다'는 문장이에요. 그래서 밑줄 친 부분은 Be동사 뒤에 와서 '보어'가 돼요.

A 밑줄 친 부분이 '목적어'인지 '보어'인지 고르세요.

① The thirsty boy drank <u>water</u>.   ❶ 목적어   ② 보어
그 목마른 소년은 물을 마셨다.

② The boy was <u>thirsty</u>.   ① 목적어   ❷ 보어
그 소년은 목마르다.

③ The bear ate <u>a big fish</u> in the morning.   ❶ 목적어   ② 보어
그 곰은 아침에 큰 물고기를 먹었다.

④ Mrs. Wilson is <u>a kind doctor</u>.   ① 목적어   ❷ 보어
Wilson 부인은 친절한 의사이다.

▶️ 풀이

3인칭 단수 주어인데, 뒤에 형용사 'warm and kind(따뜻하고 친절한)'와 연결시켜줄 수 있는 동사는 ③번 'is'가 돼요.

'Sally가 ~을 필요로 한다.'는 말이죠. 그래서 뭐가 필요한지 그 대상인 명사가 있어야 올바른 문장이 돼요. 그래서 답은 ②번 'a pencil'이에요.

3인칭 복수 주어와 Be동사가 있는데, 보기에서 ③번 형용사 'hungry(배고픈)'를 쓰면, 'Ted와 Jean은 배가 고팠다.'라는 올바른 문장을 만들 수 있어요.

B 다음 문장의 빈칸에 들어갈 말로 알맞은 것을 고르세요.

① Hank _____ warm and kind. Hank는 따뜻하고 친절하다.
① were   ② show   ❸ is

② Sally needs _____. Sally는 연필이 필요하다.
① happy   ❷ a pencil   ③ good

③ Ted and Jean were _____. Ted와 Jean은 배가 고팠다.
① nicely   ② school   ❸ hungry

C 다음 문장의 빈칸에 들어갈 수 있는 것을 <u>모두</u> 고르세요.

① The food _____ fresh and nice. 그 음식은 신선하고 좋았다.
   ① eats   **❷ was**   ③ cooked   ④ sweet

② Bob _____ a nice toy. Bob은 멋진 장난감을 만들었다. / 부쉈다.
    ❶ made   ② were   **❸ broke**   ④ are

③ The kids in the room _____ happy. 방 안의 아이들은 행복했다.
   ① read   ② sleep   ③ was   **❹ were**

D 다음 괄호에서 알맞은 말을 골라 동그라미 표시하세요.

① The boys play (happy /(happily)) in the park.
그 소년들이 공원에서 행복하게 논다.

② The boys were ((happy)/ happily).
그 소년들은 행복했다.

③ Linda studied (good /(math)) after school.
Linda는 방과후에 수학을 공부했다.

④ Simon and Mary (were /(watched)) the movie ((yesterday)/ now).
Simon과 Mary는 어제 영화를 보았다.

▶ 풀이

3인칭 단수 주어와 동사 뒤의 형용사를 연결시켜줄 수 있는 동사는 'was' 밖에 없어요.

3인칭 단수 주어니까 'were, are'는 답이 될 수 없고, 또 'Bob이 장난감이다'는 건 말이 안 되죠. 그래서 일반(동작)동사인 'made'와 'broke'를 쓸 수 있어요.

주어는 'kids(아이들)'로 3인칭 복수이고, 동사 뒤에는 형용사 'happy'가 왔어요. '무엇이 어떠하다'를 나타내는데, 복수 주어와 형용사를 연결하는 동사는 'were'가 돼야 해요.

▶ 풀이

소년들이 노는데 어떻게 노는지, 동사를 꾸며주는 말은 부사가 돼야 하죠. 그래서 답은 부사 'happily'예요.

'무엇이 어떠하다'는 문장이죠. 이걸 나타내는 형태는 <주어 + Be동사 + 형용사>가 돼야 하니까 답은 형용사 'happy'예요.

Linda가 방과후에 공부를 하는데 뭘 공부하는지 그 대상이 필요해요. 알맞은 말은 명사 'math(수학)'예요.

'Simon과 Mary'가 영화를 봤다고 해야 말이 되겠죠? 그래서 동사는 'watched'를 써줘야 하고, 동사가 과거형이니까 언제 봤는지를 나타내는 말도 과거 표현인 'yesterday(어제)'가 와야 올바른 문장이 된답니다.

품사 vs. 문장성분

같은 특징의 낱말끼리 잘 정돈한 것을 '품사'라고 하죠. '명사, 동사, 형용사, 부사' 등으로 잘 정돈된 품사는 문장 속에서 문장을 만드는 '재료'로 쓰여요. 그럼 '문장성분'이란 어떤 걸 말할까요?

어떤 사람이 이렇게 한마디하고 입을 닫아버렸어요. "① 그는 이다." 또는 "② 그는 영어를." 이렇게 말하면 안 되죠. 왜냐하면 말을 하다가 말았으니까요. "① 그는 이다."는 "그는 행복하다."나 "그는 학생이다."로, "② 그는 영어를."은 "그는 영어를 배운다."처럼 돼야 해요.

이렇게 문장은, '전하려는 뜻이 완전해야' 올바른 문장이 돼요. 완전한 뜻의 문장이 되기 위해 필요한 문장의 구성 요소, 그게 바로 '문장성분'이에요. 문장성분의 종류는 '주어, 서술어(동사), 목적어, 보어, 수식어', 다섯 가지예요. 그런데 각 문장마다 뜻이 다르니까 필요한 문장성분 개수는 다를 수 있어요. 즉, 위 다섯 개가 다 필요할 때도 있고, 가장 적게는 '주어 + 동사'만 필요할 때도 있어요.

이제 우리가 꼭 깨달아야 하는 것은, 〈품사와 문장성분의 관계〉예요. 다시 '영화'에 비유하자면, 품사는 '배우', 문장성분은 '배역(역할)'이에요. 어떤 배우가 어떤 배역을 맡을 〈자격〉이 있는지 아래 관계표를 보며 확실히 기억해두세요!

① '동사'라는 배우는 '서술어 배역'만 맡을 자격이 있어요.

② '명사 배우'는 '주어 / 목적어 / 보어 배역'을 모두 맡을 자격이 있어요.

③ '형용사 배우'는 '보어와 수식어 배역'을 맡을 자격이 있어요.

④ '부사 배우'는 '수식어 배역'만 맡아요.

이제 예문을 보면서 품사와 문장성분의 '관계'를 이해해봅시다.

Kids learn computers quickly.
(아이들은 컴퓨터를 빨리 배운다.)

배우	(명사)	(동사)	(명사)	(부사)
배역	(주어)	(서술어)	(목적어)	(수식어)

They are smart.
(그들은 똑똑하다.)

배우	(대명사)	(동사)	(형용사)
배역	(주어)	(서술어)	(보어)

13

대명사의 '격변화'요?
무슨 과학 실험 같은 거예요?

13

대명사의 '격변화'요?
무슨 과학 실험 같은 거예요?

📅 공부한 날.〰〰〰 월 〰〰〰 일 〰〰〰 요일

이렇게 공부해요 소리 내어 읽어보며 이해합니다. 선생님이 읽어주는 녹음 파일을 들어보면 더 좋습니다.

'격변화'는 '자격의 변화'를 줄인 말이에요. 과학 실험 같은 것도 아니에요. 너무 겁먹지 마세요. 우리말에서 '나, 너, 그, 그녀, 그것, 우리, 너희, 그들', 이런 말 다 알죠? 여기에 '~은(는/이/가), ~의, ~를' 같은 걸 붙여서 말을 만들잖아요. 그래서 '나는, 너의, 그것을, 그의 것', 이런 말을 우리는 아무 문제 없이 잘 쓸 수 있어요. 그렇다면 이걸 영어로 어떻게 쓰느냐가 바로 이번 시간 주제예요.

먼저, '격변화'란 말을 좀 더 알아볼게요. '격변화'에서 '격'을 영어로 'case'라고 하는데, '경우'라는 뜻이에요. 우리말에 '자격(資格)'이란 말 있죠? 이럴 대 쓰는 '격'과 같은 말이에요. 그래서 '격'이란 〈어떤 경우에 가지는 자격〉이란 말이에요.

문법에서 '격(case)'이란 '명사/대명사가 경우에 따라 가지는 자격'을 말해요. 그 자격에는 다음과 같은 세 가지 종류가 있어요.

① 주격 : 〈주어 자격〉을 가지는 명사/대명사 ➔ '주어' 역할

② 목적격 : 〈목적어 자격〉을 가지는 명사/대명사 ➔ '목적어' 역할

③ 소유격 : 〈소유 표현 자격〉을 가지는 명사/대명사 ➡ '수식어' 역할

'격변화'의 핵심은 간단하게 "명사와 대명사는 '주격, 목적격, 소유격' 중 알맞은 형태를 써준다."예요. 명사는 주격과 목적격의 형태가 같고, 소유격은 쓰는 규칙을 따로 배워야 해요.

대명사는 주격, 목적격, 소유격 형태가 다양하게 많은데, 쌤놀이에서 배울 '소유대명사'까지 합치면 모두 31가지예요. '주격 인칭대명사'는 우리가 이미 '대명사'에서 배웠고, 다른 것들도 문장에 자주 나와서 금방 익숙해지니까 너무 '으악'하면 안 돼요.

이번 시간에는 '인칭대명사, 소유대명사, 지시대명사'를 배울 거예요. 이번 시간에 이 〈대명사 격변화표〉를 잘 익히면 문장 만들기 실력이 쑤-욱 자라는 걸 틀림없이 느낄 거예요. 그럼 또 힘차게, Let's Go! 🐱

▶ Action ① 대명사 격변화표와 목적격 인칭대명사

이렇게공부해요 ✌ 소리 내어 읽으면서 이해합니다. ✌ 내용을 보면서 선생님이 가르치듯 쌤놀이를 합니다. ✌ 확인란에 체크!

대명사의 '격변화'란, '주격, 목적격, 소유격'이란 '자격'에 따라

대명사의 형태가 변한다는 말이에요. 아래 <대명사 격변화표>처럼 영어는

'인칭, 단수/복수, 남성/여성'에 따라 대명사 형태를 자세히 구분해서 써요.

● 대명사 격변화표

		주격	목적격	소유격	소유대명사
		~은/는/이/가	~을/를, ~에게	~의	~의 것
단수	1인칭	I (나는)	me	my	mine
	2인칭	you (너는)	you	your	yours
	3인칭	he (그는)	him	his	his
		she (그녀는)	her	her	hers
		it (그것은)	it	its	(없음)
복수	1인칭	we (우리는)	us	our	ours
	2인칭	you (너희들은)	you	your	yours
	3인칭	they (그들은)	them	their	theirs

이번 시간에는 '인칭대명사, 소유대명사, 지시대명사'에 대해 배워보겠어요.

'주격 인칭대명사'는 우리가 이미 익혔고, '목적격 인칭대명사'부터 살펴봅시다.

● **목적격 인칭대명사**: '목적어'로 쓰이는 명사를 대신할 때 쓰는 대명사예요.

• Ted likes <u>cakes and cookies</u>. (Ted는 케이크와 쿠키를 좋아한다.)

  He eats them every day. (그는 매일 그것들을 먹는다.)

  ↘ 목적어인 'cakes and cookies'를 대신하는데, 사물이니까 3인칭이고

   또 복수이므로 이에 해당하는 목적격 대명사는 'them'이에요.

소리 내어 읽었나요? 1회 □ 2회 □ 쌤놀이를 했나요? Yes □ No □

Action ❷ 소유격 인칭대명사와 소유대명사

이렇게공부해요 ✌ 소리 내어 읽으면서 이해합니다. ✌ 내용을 보면서 선생님이 가르치듯 쌤놀이를 합니다. ✌ 확인란에 체크!

● **소유격 인칭대명사와 소유대명사**

'소유하다'는 '뭔가를 가지고 있다'는 말이죠? 누가 뭔가를 가지고 있는

그런 '누구의 소유 상황'을 표현하는 경우가 바로 '소유격'이에요.

· **Harry has a dog. People like his dog.**

→ Harry가 개를 한 마리 소유하고 있는데, 사람들이 그에게 '속한' 개, 즉 '그의 개'를 좋아해요.

이 '소유격 대명사'는 절대 혼자 쓰이지 않아요.

항상 명사 앞에 쓰여서 그 명사가 누구에게 속해있는지를 표현해줘요.

또 한 가지, '소유격 대명사'는 절대 관사(a/an, the)와 같이 쓰이지 않아요!

예 **People like the his dog. (X)**

⇒ 소유격을 쓰면 이미 누구의 소유인지 알 수 있기 때문에,

관사를 또 쓰면 "그 그의 개"가 되어 뜻이 중복돼요.

그럼 '소유대명사'는 뭐냐 하면, <소유격+명사>를 대신해주는 말이에요.

그래서 공식은, <소유격+명사=소유대명사>가 돼요.

· **Kate and Harry made cookies.** (Kate와 Harry가 쿠키를 만들었다.)

Her cookies were good.	His cookies were bad.	※ his는 뒤에 명사가 있으면
↳ Hers were good.	↳ His were bad.	'소유격'이고, 없으면
→ 그녀의 것	→ 그의 것	'소유대명사'로 보면 돼요.

☑

소리 내어 읽었나요? 1회 ☐ 2회 ☐ 쌤놀이를 했나요? Yes ☐ No ☐

▶ᵃᶜᵗⁱᵒⁿ ③ 명사의 격변화와 지시대명사

이렇게공부해요 ✌ 소리 내어 읽으면서 이해합니다. ✌ 내용을 보면서 선생님이 가르치듯 쌤놀이를 합니다. ✌ 확인란에 체크!

● **명사의 격변화**: 명사는 주어와 목적어로 쓰일 때는 형태가 같아요.

즉, 명사의 주격과 목적격은 같아요. 하지만 명사도 <~의>와 <~의 것>을 표현할 때

아래와 같이 써요.

	<~의> = 명사의 소유격	<~의 것>
고유명사	Annie's cat (Annie의 고양이)	Annie's (Annie의 것)
보통명사	his brother's dog (그의 형의 개) the boys' ball (그 소년들의 공) the children's books (그 아이들의 책)	his brother's (그의 형의 것) the boys' (그 소년들의 것) the children's (그 아이들의 것)

두 가지 경우 모두 뒤에 아포스트로피(')와 s를 붙이는 것은 똑같지만,

'뒤에 명사가 있으면' <~의>로, '뒤에 명사가 없으면' <~의 것>으로 해석해요.

또 명사가 's'로 끝나게 되면 아포스트로피(')만 붙이면 돼요.

● **지시대명사**: 사람이나 사물을 가리킬 때 쓰는 대명사예요.

가리키는 것이 가까이 또는 멀리 있는지에 따라 다음 두 가지가 있어요.

	가까운 대상	먼 대상
단수	this (이것)	that (저것)
복수	these (이것들)	those (저것들)

• **This is a book.** (이것은 책이다.) / **These are books.** (이것들은 책들이다.)
• **That is a pencil.** (저것은 연필이다.) / **Those are pencils.** (저것들은 연필들이다.)

이번 시간엔 정말 배운 게 많았지요? 이렇게 많은 건 이게 마지막이에요. 수고했어요!

소리 내어 읽었나요? 1회 ☐ 2회 ☐ 쌤놀이를 했나요? Yes ☐ No ☐

MH 놀이 확인문제

✌ 쌤놀이 내용을 떠올리며 빈칸을 채워봅니다. ✌ 쌤놀이 내용을 참고해도 됩니다. ✌ 답 확인 후 소리 내어 읽어보세요.

빈칸에 들어갈 알맞은 말을 써보세요.

1 '격(case)'이란 '어떤 경우에 가지는 ① ☐☐ '을 말해요.

문법에서는 ② ☐☐ 나 ③ ☐☐☐ 가 경우에 따라 가지게 되는

자격을 말해요.

2 '격(case)'에는 다음과 같이 세 종류가 있어요.

(1) ① ☐ 격: 문장에서 '주어 자격'을 가지는 명사/대명사 ➡ ② ☐ 어 역할

(2) ③ ☐☐ 격: '목적어 자격'을 가지는 명사/대명사 ➡ ④ ☐☐ 어 역할

(3) ⑤ ☐☐ 격: '소유 표현 자격'을 가지는 명사/대명사 ➡ ⑥ ☐☐ 어 역할

3 '격변화'의 핵심은 '명사와 대명사는 주격, 목적격, 소유격 중 ① ☐☐☐ 형태를

써준다'는 거예요. 예를 들어, '목적어'는 '② ☐☐☐ 형태'로 써주는 거예요.

4 **소유격 인칭대명사**: '누구의 소유 상황'을 표현하는 대명사예요.

항상 명사 ① ☐ 에 쓰여서 그 명사가 누구에게 속해있는지를 표현해줘요.

또 '소유격' 인칭대명사는 절대 '② ☐☐ (a/an/the)'와 같이 쓰지 않아요.

5 **명사의 격변화**: 명사는 ① ☐ 어와 ② ☐☐ 어로 쓰일 때 형태가 같아요.

하지만 '~의'와 '~의 것'으로 나타낼 때는 명사 뒤에 아포스트로피(')와

③ ☐ 를 붙여줘요. 명사가 ④ ☐ 로 끝나게 되면 아포스트로피(')만 붙이면 돼요.

Alice's cat → Alice의 고양이	Alice's → Alice의 것
the boys' ball → 그 소년들의 공	the boys' → 그 소년들의 것

익힘문제

이렇게 공부해요

문제를 풀 때 절대 페이지를 넘겨보지 마세요!(쌤놀이 해설이 있음)

100점 맞기 위해서가 아니라 뭘 모르는지 알기 위해 문제를 풀어보는 거랍니다.^^

A 다음 예시처럼 문장의 괄호에서 알맞은 것을 골라 동그라미 표시하고, 그것의 해석을 빈칸에 써보세요.

> Tom ate (me /(my)/ mine) sandwich.   나의
>
> (Tom은 샌드위치를 먹었다.)

① Susan met (he / him / his) in the library.   _____

② The cat cleaned (it / its / their) body.   _____

③ The books are (me / my / mine) .   _____

④ Grandma visited (we / us / our) yesterday.   _____

⑤ (Them / Their / Theirs) brother is big and strong.

_____

⑥ The small bike is (he / him / his) .   _____

⑦ That is (you / your / yours) notebook.   _____

⑧ Tom found (Amy / Amys / Amy's) ring on the floor.

_____

B 다음 예시처럼 왼쪽 문장의 밑줄 친 부분을 참고하여 오른쪽 문장의 빈칸에 알맞은 대명사 형태를 써보세요.

> <u>Harry</u> has a dog. People like _____**his**_____ dog.
> (Harry는 개가 한 마리 있다. 사람들은 그의 개를 좋아한다.)

❶ <u>Mike and Jerry</u> are friends. _____ play together every day.

❷ Danny has <u>a nice bag</u>. He carries _____ everywhere.

❸ <u>Kate</u> has a cute puppy. Everyone likes _____ puppy.

❹ <u>You and Paul</u> sang a song. People enjoyed _____ song.

C 다음 예시처럼 밑줄 친 부분 중에서 틀린 곳을 한 군데 찾아 바르게 고쳐 써보세요.

> <u>This</u> is ~~ours~~ new computer. → our
> (이것은 우리의 새 컴퓨터이다.)

❶ <u>Hers</u> puppy is very <u>cute</u>. → _____

❷ Angela lost <u>her</u> key. Louis found <u>them</u> in the room.
→ _____

❸ Billy <u>and</u> Jimmy broke <u>Mike</u> toys. → _____

❹ The horse <u>runs</u> in the field every day. <u>It</u> legs <u>are</u> strong.
→ _____

익힘 문제풀이

✌ 정답과 풀이를 보며 채점을 합니다. ✌ 틀렸거나 헷갈리는 문제는 해설을 읽어보고 쌤놀이로 설명해봅니다. ✌ 모든 문제의 해설을 읽어보면 복습에 큰 도움이 됩니다.

▶ 풀이

'Susan은 도서관에서 그를 만났다.' 는 뜻인데, '그를'은 만났던 대상이 므로 '목적어'예요. 그래서 목적격인 'him'을 써야 해요.

'고양이가 그것의 몸을 깨끗이 했다.' 는 뜻으로, '그것의'를 나타내는 말은 소유격 'its'예요.

'그 책들은 나의 것이다.'는 말이에요. '나의 것'에 해당하는 말은 'mine'이 에요.

할머니가 어제 '누구를' 방문했는지 목적어가 필요해요. 그래서 목적격 'us'가 맞아요. 뜻은 '할머니가 어제 우 리를 방문했다.'예요.

'그들의 형은 크고 강하다.'는 말인데, '그들의'를 나타내는 말은 'Their'가 돼야 해요.

'그 작은 자전거는 그의 것이다.'가 되 는데, '그의 것'에 해당하는 단어는 'his'예요.

'그것은 너의 공책이다.'는 말이에요. '너의'의 뜻으로 'your'가 돼야 해요.

'Tom이 바닥에서 Amy의 반지를 발 견했다.'는 말인데, 명사의 소유격은 <명사 + 's>로 써줘야 하니까 Amy's 가 답이에요.

A 다음 예시처럼 문장의 괄호에서 알맞은 것을 골라 동그라미 표시하고, 그것의 해석을 빈칸 에 써보세요.

① Susan met (he /(him)/ his) in the library.   그를

② The cat cleaned (it /(its)/ their) body.   그것의

③ The books are (me / my /(mine)) .   나의 것

④ Grandma visited (we /(us)/ our) yesterday.   우리를

⑤ (Them /(Their)/ Theirs) brother is big and strong.   그들의

⑥ The small bike is (he / him /(his)) .   그의 것

⑦ That is (you /(your)/ yours) notebook.   너의

⑦ That is (you /(your)/ yours) notebook.   너의

B 다음 예시처럼 왼쪽 문장의 밑줄 친 부분을 참고하여 오른쪽 문장의 빈칸에 알맞은 대명사 형태를 써보세요.

❶ Mike and Jerry are friends. _____They_____ play together every
day. Mike와 Jerry는 친구이다. 그들은 매일 함께 논다.

❷ Danny has a nice bag. He carries _____it_____ everywhere.
Danny는 멋진 가방을 갖고 있다. 그는 그것을 어디나 들고 다닌다.

❸ Kate has a cute puppy. Everyone likes _____her_____ puppy.
Kate는 귀여운 강아지를 갖고 있다. 모두가 그녀의 강아지를 좋아한다.

❹ You and Paul sang a song. People enjoyed _____your_____ song.
너와 Paul은 노래를 불렀다. 사람들은 너희들의 노래를 즐겼다.

C 다음 예시처럼 밑줄 친 부분 중에서 틀린 곳을 한 군데 찾아 바르게 고쳐 써보세요.

❶ ~~Hers~~ puppy is very cute. → _____Her_____
그녀의 강아지는 매우 귀엽다.

❷ Angela lost her key. Louis found ~~them~~ in the room.
Angela는 그녀의 열쇠를 잃어버렸다. Louis가 방에서 그것을 찾았다. → _____it_____

❸ Billy and Jimmy broke ~~Mike~~ toys. → _____Mike's_____
Billy와 Jimmy는 Mike의 장난감들을 부쉈다.

❹ The horse runs in the field every day. ~~It~~ legs are strong.
그 말은 매일 들판을 달린다. 그것의 다리들은 강하다. → _____Its_____

▶️ 풀이

'Mike와 Jerry'는 3인칭 복수예요. 3인칭 복수 대명사 '그들은'이 주어로 들어가야 해요. 그래서 답은 'They'가 돼야 해요.

'그 멋진 가방'을 대신해서 '그것을'이 들어가야 해요. 단수니까 3인칭 단수 목적격 대명사로 'it'을 써야 맞아요.

'그녀의'를 나타내는 '소유격' 대명사를 써줘야겠죠. 그래서 답은 'her'예요.

'너와 Paul'에는 'you'가 들어있어서 '2인칭 복수'가 돼요. '너희들의 노래' 라는 말이니까, 2인칭 복수형의 소유격 대명사로 'your'를 써줘야 해요.

▶️ 풀이

'Hers'는 '그녀의 것'이라는 소유대명사이고, 여기서 필요한 말은 소유격 '그녀의'란 말이죠. 그래서 'Hers'를 'Her'로 고쳐야 해요.

'her key'는 3인칭 단수인데, 뒤 문장에서 'them'으로 잘못 써져 있어요. 그래서 이 'them(그것들을)'을 'it(그것을)'로 고쳐 써줘야 해요.

'Mike의 장난감'은 'Mike toys'가 아니라, 명사의 소유격 형태인 <명사 + 's>에 맞춰서 'Mike's'로 고쳐 써야 해요.

뒤 문장의 'It'은 주격 '그것은'이나 목적격 '그것을'의 뜻이죠. '그것의'를 뜻하는 대명사 소유격을 써줘야 맞기 때문에, 'It'을 소유격 'Its'로 고쳐 써줘야 해요.

'격변화'가 생기는 세 가지 원리

이렇게 공부해요 보충수업이에요. 앞으로 배울 내용과 연관되어 있으니 천천히 소리 내어 읽어보면서 이해합니다.

먼저 한 성에 사는 왕자 이야기를 봅시다.

The prince was kind. (그 왕자는 친절했어요.)

The princess liked the prince. (공주는 그 왕자를 좋아했어요.)

The prince's toys were fun. (그 왕자의 장난감들은 재미있었어요.)

The princess played with the prince every day. (공주는 매일 왕자와 함께 놀았어요.)

원래 명사 낱말 자체는 '격'이 없어요. 그런데, 명사가 문장 안에 들어가면 '주격, 목적격, 소유격' 중 하나를 가지게 돼요. 이렇게 되는 이유는, 문장에 있는 다른 낱말과의 관계 때문이에요. 이렇게 명사가 받는 격에 따라 그 명사를 대신하는 대명사의 격도 정해져요. 한 명사에 '격변화'가 생기는 원리는 아래 세 가지가 있어요.

① 명사는 동사를 중심으로, 동사 앞쪽(왼쪽)에 있으면 주격이고, 동사 뒤쪽(오른쪽)에 있으면 목적격이에요. 2단원에서 배운 〈N-V-N(엔브이엔) 원리〉가 바로 그 얘기였어요.

　• The prince / was / kind.　The princess / liked / the prince.
　　[주격] → 대명사는 'He'　　　　　　　　　　　[목적격] → 대명사는 'him'

② [명사 + 명사]일 때 앞 쪽 명사는 소유격을 쓸 수 있어요.

　• The prince's toys were fun.
　　[소유격] → 대명사는 'His'

③ 전치사 뒤에 오는 명사는 목적격으로 써야 해요.

　전치사는 〈전치사 + (관사) + 명사/대명사〉로 '전치사구'를 이루는데, 전치사 뒤의 명사는 전치사의 대상이 되어 '전치사의 목적어'라고 불러요. 그래서 전치사 뒤에 오는 명사를 대신해서 대명사가 오게 되면 꼭 '목적격'을 써줘야 해요.

　• The princess played with the prince every day.
　　　　　　　　[목적격] → 대명사는 'him'

　명사는 주격과 목적격의 형태가 같지만, 대명사는 형태가 달라요. 그래서 명사를 대신하여 대명사를 쓸 때, 그 자리가 주격인지 목적격인지 잘 구별해서 격에 맞는 대명사를 써주는 걸 꼭 기억하세요!~ 🕵️

MH 놀이
▶ 개념 영문법

14
중심어, 수식어?
이거 물고기 이름이에요?

14

중심어, 수식어?
이거 물고기 이름이에요?

📅 공부한 날. ∿∿∿∿ 월 ∿∿∿∿ 일 ∿∿∿∿ 요일

이렇게 공부해요 소리 내어 읽어보며 이해합니다. 선생님이 읽어주는 녹음 파일을 들어보면 더 좋습니다.

다음 사진은 여름에 찍은 산과 겨울에 찍은 산을 비교해놓은 거예요. 어떤

차이가 있을까요?

〈여름 산〉

〈겨울 산〉

여름 산은 수풀이 우거져 아름답고, 겨울 산은 나무가 앙상하고 메마른 것

같아요. 그런데 산의 '모양새'가 어떻게 생겼는지 보려면 겨울 산이 훨씬 나아

요. 왜냐하면 시야를 가리던 울창한 잎사귀가 다 떨어지고 앙상한 나무들만

남아있으니까요. 이렇게 '나무 뼈대'만 남은 채로 산을 보면 그 산의 '본래 모

습'을 훨씬 더 잘 볼 수가 있어요.

영어 얘기로 돌아와서, 문법 공부의 핵심은 '영어 문장'이라고 했어요. 세

상에는 수만 가지 형태의 영어 문장들이 있어요. 그런 수많은 문장을 두 종

류로 나눠보면, '장식이 많이 붙은 문장'과 '뼈대만 있는 문장'이 있어요. 길고

복잡한 문장은 대부분 장식이 많이 붙어서 그렇게 돼요. 그런 문장은 무슨 말인지 금방 이해가 안 될 수도 있어요. 마치 여름 산에 수풀이 우거져 산 모양새가 잘 안 보이는 것처럼요. 하지만 장식이 많이 붙은 문장도 제일 처음에 배웠던 '핵심 보기'를 통해 뼈대만 딱 추려보면 '핵심 내용'을 더 빨리 파악할 수 있어요.

문장을 '장식'과 '뼈대'로 구분하는 데 아주 유용한 도구가 '중심어와 수식어 개념'이에요. '중심어'는 주어, 서술어(동사), 목적어, 보어, 이 네 가지를 말해요. 참고로, 서술어를 습관적으로 '동사'라고 불러요. 왜냐하면 서술어가 될 수 있는 재료는 '동사' 밖에 없기 때문이에요. 그래서 '주어+서술어+목적어' 보다 보통 '주어+동사+목적어'라고 말해요.

그래서 이번 시간에는 정확하고 빠른 영어 문장의 이해를 위해 문장에서 '장식'과 '뼈대'를 구분해볼 거예요. '중심어와 수식어 개념'을 통해 '뼈대 문장 찾기 연습'을 해보는 거죠. 그럼 오늘도 힘차게, 출발해요! 😊

이렇게 공부해요 ✌소리 내어 읽으면서 이해합니다. ✌내용을 보면서 선생님이 가르치듯 쌤놀이를 합니다. ✌확인란에 체크!

이번 시간에는 '긴 문장을 정확하고 빨리 이해하는 법'을 배울 거예요.

문장이 길 때는 '중심 뜻'을 재빨리 파악하는 것이 중요한데요,

긴 문장을 '장식'과 '뼈대'로 구분해서 '뼈대 문장'이 뭔지 찾는 거예요.

문장에서 '장식'과 '뼈대'를 구분하려고 할 때 효과적인 도구가

'중심어'와 '수식어'란 개념이에요.

중심어	영어 문장에서 '중심어'는 네 가지예요. ⇒ 주어, 동사(서술어), 목적어, 보어	뼈대
수식어	위 네 가지 중심어 이외에 중심어를 더 자세히 설명해주는 말들 예 · 명사를 수식하는 형용사 · 동사를 수식하는 부사 · 전치사구 같은 낱말 덩어리들	장식

예를 들어, 'A small monkey eats happily.'란 문장이 있어요.

'a, small'이나 'happily'같은 낱말은 꾸며주는 말이라 '수식어'에 속하고,

'monkey', 'eat' 같은 말은 '중심어'에 속해요. 그래서 '수식어'를 다 떼어버리고

남은 중심 뜻은 '원숭이가 먹는다.'는 간단한 얘기가 되는 거예요.

소리 내어 읽었나요? 1회 ☐ 2회 ☐ 쌤놀이를 했나요? Yes ☐ No ☐

Action ② 중심어와 수식어의 구분

이렇게 공부해요 ✌️ 소리 내어 읽으면서 이해합니다. ✌️ 내용을 보면서 선생님이 가르치듯 쌤놀이를 합니다. ✌️ 확인란에 체크!

긴 문장은 대부분의 경우 '수식어'가 많이 붙어서 길어지고 복잡해져요.

수식어 덩어리는 뒤에 계속 겹쳐서 쓸 수가 있어요.

예를 들어, 'A monkey eats. (한 원숭이가 먹는다.)'란 문장이 있을 때,

아래처럼 문장 뒤에 수식어를 계속 겹쳐서 긴 문장을 만들 수 있어요.

→ A quick and loud / monkey / eats / happily / on the tree / in the
jungle / at night.

(한 재빠르고 시끄러운 원숭이가 밤에 정글 속 나무 위에서 행복하게 먹는다.)

이 문장을 '중심어'와 '수식어'로 구분해보면 다음과 같아요.

중심어	monkey (주어) + eats (동사)
형용사 수식어	a quick and loud
부사 수식어	happily
전치사구 수식어	on the tree / in the jungle / at night

이 긴 문장은 '어떤' 원숭이가 '언제 어디서 어떻게' 먹는지 자세한 정보를

담고 있지만, 중심 뜻은 간단하게 '한 원숭이가 먹는다.'는 말이에요.

그래서 이 긴 문장의 <뼈대 문장>은, 수식어가 하나도 붙지 않았던 애초의

바로 그 문장 'A monkey eats.'예요.

☑️
소리 내어 읽었나요? 1회 ☐ 2회 ☐ 쌤놀이를 했나요? Yes ☐ No ☐

▶Action ❸ 뼈대 문장 찾기 연습

이렇게 공부해요 ✌소리 내어 읽으면서 이해합니다. ✌내용을 보면서 선생님이 가르치듯 쌤놀이를 합니다. ✌확인란에 체크!

그럼 긴 문장에서 '뼈대 문장 찾기 연습'을 한번 해볼까요?

(1) A small and cute / monkey / on the tree / ate / a big and sweet /
banana / quietly / yesterday.

(나무 위의 한 작고 귀여운 원숭이가 크고 달콤한 바나나를 어제 조용히 먹었다.)

중심어	monkey (주어) + ate (동사) + banana (목적어)
형용사 수식어	a small and cute / a big and sweet
부사 수식어	quietly / yesterday
전치사구 수식어	on the tree

'중심어 / 수식어 표'로 구분을 한 후, 수식어를 모두 '가지치기'하면,

<뼈대 문장>은 'A monkey ate a banana. (한 원숭이가 바나나를 먹었다.)'예요.

(2) The handsome and famous / actor / was / happy / on the beach /
with his wife and children / in the afternoon.

(그 잘생기고 유명한 배우는 오후에 그의 아내와 아이들이랑 해변에서 행복했다.)

중심어	actor (주어) + was (동사) + happy (보어)
형용사 수식어	the handsome and famous
전치사구 수식어	on the beach / with his wife and children / in the afternoon

<뼈대 문장>은 간단히,

'The actor was happy. (그 배우는 행복했다.)'가 돼요.

복잡한 문장을 이제 쉽게 이해할 수 있으니까 참 재미있지 않나요? 👨‍🦰

소리 내어 읽었나요? 1회 □ 2회 □ 쌤놀이를 했나요? Yes □ No □

▲▲H 놀이 확인문제

✌쌤놀이 내용을 떠올리며 빈칸을 채워봅니다. ✌쌤놀이 내용을 참고해도 됩니다. ✌답 확인 후 소리 내어 읽어보세요.

빈칸에 들어갈 알맞은 말을 써보세요.

1 세상에는 수만 가지 형태의 영어 문장이 있지만,

① ☐☐ 이 많이 붙은 문장과 ② ☐☐ 만 있는 문장으로 나눌 수 있어요.

문장에서 '장식'과 '뼈대'를 구분하려고 할 때 효과적인 도구가

③ ☐☐☐ 와 ④ ☐☐☐ 란 개념이에요.

2

중심어 ◀═╫╫╫╫	영어 문장에서 '중심어'는 네 가지예요. ⇒ ① ☐☐ , ② ☐☐ (서술어), ③ ☐☐☐ , ④ ☐☐
수식어 ★✱╱═★	중심어를 더 ⑤ ☐☐☐ 설명해주는 말들이에요. 예 • 명사를 수식하는 ⑥ ☐☐☐ • 동사를 수식하는 ⑦ ☐☐ • ⑧ ☐☐☐☐ 같은 낱말 덩어리들

3 서술어를 습관적으로 ① ☐☐ 라고 말해요. 그래서 '주어+서술어+목적어' 보다

보통 '주어 + ② ☐☐ + 목적어'라고 말해요.

4 '중심어'와 '수식어'를 구분할 수 있으면 '뼈대 문장'을 쉽게 찾을 수 있어요.

예 A small and cute / monkey / on the tree / ate / a big and sweet
/ banana / quietly / yesterday.

⇒ 뼈대 문장은 ① _____ ② _____

③ _____ 예요.

A　다음 예시처럼 주어진 문장을 '중심어'와 '수식어'로 구분해서 써보세요.

> A quick and loud monkey eats happily on the tree in the jungle.
> (한 빠르고 시끄러운 원숭이가 정글에 있는 나무 위에서 행복하게 먹는다.)
> 중심어 monkey + eats　　형용사 수식어 a quick and loud
> 부사 수식어 happily　　전치사구 수식어 on the tree / in the jungle

① The tall lady in the room sings very loudly at night.

중심어 _____

형용사 수식어 _____

부사 수식어 _____

전치사구 수식어 _____

② The kind and young man with a heavy bag was a brave soldier.

중심어 _____

형용사 수식어 _____

부사 수식어 _____

전치사구 수식어 _____

③ An angry dog with a long tail chased a little and hungry fox quickly in the park.

중심어 _____

형용사 수식어 _____

부사 수식어 _____

전치사구 수식어 _____

B 다음 예시처럼 앞에 나온 문장에서 '뼈대'만 골라내어 빈칸을 완성해보세요.

> The pretty and smart <u>woman</u> in the kitchen <u>was</u> a famous <u>writer</u>.
> (부엌에 있는 그 예쁘고 영리한 여자는 유명한 작가이다.)
> → ___woman___ ___was___ ___writer___

① The small and cute bird on the tree sang happily in the park.

→ bird _____

② The tall and new buildings in the downtown were really nice.

→ _____ were _____

③ The beautiful woman is a kind and generous teacher in our school.

→ woman _____ _____

④ The quiet zookeeper fed the big or small animals in the zoo.

→ _____ fed _____

⑤ Simon studied English hard yesterday in the library with his friends.

→ Simon _____ _____

⑥ The vegetables at the supermarket were fresh in the morning.

→ _____ were _____

⑦ Ted and Ben played basketball yesterday in the backyard with me.

→ Ted and Ben _____ _____

익힘 문제풀이

▶️ 풀이

[중심어] '숙녀가 노래한다'로 '무엇이 어찌하다'는 뼈대를 가진 문장이에요. [형용사] 'tall'이 주어인 명사 'lady'를 앞에서 꾸며주고 있어요. [부사] 'very loudly'가 어떻게 노래하는지 동사 'sings'를 뒤에서 꾸며주고 있어요. [전치사구] 'in the room'이 어디에 있는 누구인지 'lady'를 뒤에서 꾸며주고 있어요. 또, '언제' 노래하는지 'sings'를 뒤에서 꾸며주고 있어요.

[중심어] '남자는 군인이었다'로 '무엇이 무엇이다'는 뼈대를 가진 문장이에요. [형용사] 'the kind and young'이 주어인 명사 'man'을 앞에서 꾸며주고 있어요. 또 'brave'가 보어인 명사 'soldier'를 앞에서 꾸며주고 있어요. [전치사구] 'with a heavy bag'이 어떤 남자인지 명사 'man'을 뒤에서 꾸며주고 있어요.

[중심어] '개가 여우를 쫓아갔다'로 '무엇이 무엇을 어찌하다'는 뼈대의 문장이에요. [형용사] 'angry'가 주어인 명사 'dog'를 앞에서 꾸며주고 있어요. 또 'little and hungry'가 목적어인 명사 'fox'를 앞에서 꾸며주고 있어요. [부사] 'quickly'가 어떻게 쫓아갔는지 동사 'chased'를 뒤에서 꾸며주고 있어요. [전치사구] 어떤 개인지 'dog'를 뒤에서 꾸며주고 있어요. 또, 어디서 쫓아갔는지 'chased'를 뒤에서 꾸며주고 있어요.

A 다음 예시처럼 주어진 문장을 '중심어'와 '수식어'로 구분해서 써보세요.

① The tall lady in the room sings very loudly at night.
그 방의 키 큰 숙녀는 밤에 매우 시끄럽게 노래한다.

중심어	lady(주어) + sings(동사)
형용사 수식어	the tall
부사 수식어	very loudly
전치사구 수식어	in the room / at night

② The kind and young man with a heavy bag was a brave soldier.
무거운 가방을 맨 그 친절하고 젊은 남자는 용감한 군인이었다.

중심어	man(주어) + was(동사) + soldier(보어)
형용사 수식어	the kind and young / a brave
부사 수식어	없음
전치사구 수식어	with a heavy bag

③ An angry dog with a long tail chased a little and hungry fox quickly in the park. 긴 꼬리를 가진 화난 개 한 마리가 공원에서 작고 배고픈 여우를 재빠르게 쫓아갔다.

중심어	dog(주어) + chased(동사) + fox(목적어)
형용사 수식어	an angry / a little and hungry
부사 수식어	quickly
전치사구 수식어	with a long tail / in the park

B 다음 예시처럼 앞에 나온 문장에서 '뼈대'만 골라내어 빈칸을 완성해보세요.

① The small and cute bird on the tree sang happily in the park.
나무 위의 그 작고 귀여운 새는 공원에서 행복하게 노래했다.
→ bird _____ sang _____
　(주어)　　　 (동사)

② The tall and new buildings in the downtown were really nice.
시내에 있는 그 크고 새로운 빌딩들은 정말 멋졌다.
→ _____ buildings _____ were _____ nice _____
　　　 (주어)　　　 (동사)　　　 (보어)

③ The beautiful woman is a kind and generous teacher in our school.
그 아름다운 여자는 우리 학교에 있는 친절하고 관대한 선생님이다.
→ woman _____ is _____ teacher _____
　(주어)　　　 (동사)　　　 (보어)

④ The quiet zookeeper fed the big or small animals in the zoo.
그 조용한 사육사는 동물원에 있는 크거나 작은 동물들에게 먹이를 줬다.
→ _____ zookeeper _____ fed _____ animals _____
　　　 (주어)　　　 (동사)　　　 (목적어)

⑤ Simon studied English hard yesterday in the library with his friends.
Simon은 그의 친구들과 함께 도서관에서 어제 열심히 영어를 공부했다.
→ Simon _____ studied _____ English _____
　(주어)　　　 (동사)　　　 (목적어)

⑥ The vegetables at the supermarket were fresh in the morning.
슈퍼마켓의 그 채소들은 아침에 신선했다.
→ _____ vegetables _____ were _____ fresh _____
　　　 (주어)　　　 (동사)　　　 (보어)

⑦ Ted and Ben played basketball yesterday in the backyard with me.
Ted와 Ben은 나와 함께 뒤뜰에서 어제 농구를 했다.
→ Ted and Ben _____ played _____ basketball _____
　　　 (주어)　　　 (동사)　　　 (목적어)

▶ 풀이

수식어들을 빼면 '새는 노래했다'로, '무엇이 어찌하다'는 간단한 뼈대의 문장이에요.

'빌딩들이 멋졌다'가 핵심적인 뜻으로, '무엇이 어떠하다'는 뼈대의 문장이에요.

보어 'teacher'에 수식어가 많이 붙었지만, 결론은 '여자는 선생님이다'로 '무엇이 무엇이다'는 뼈대의 문장이에요.

'사육사가 동물들에게 먹이를 줬다'는 뜻으로, '무엇이 무엇을 어찌하다'는 뼈대 문장이에요.

'Simon이 영어를 공부했다', 즉 '무엇이 무엇을 어찌했다'는 뼈대 문장에 어떻게, 언제, 어디에서 등의 수식어가 붙어서 문장이 길어졌어요.

'채소들은 신선했다'는 말이죠. 그래서 '무엇이 어떠하다'는 뼈대의 문장이에요.

'Ted와 Ben은 농구를 했다'가 중심 뜻이 되고, '무엇이 무엇을 어찌하다'가 뼈대가 돼요.

중심어 찾기는 바로 '핵심 보기'예요~

보충수업이에요. 앞으로 배울 내용과 연관되어 있으니 천천히 소리 내어 읽어보면서 이해합니다.

문장의 '뼈대'를 잘 찾을 수 있으면 문장 이해에 큰 도움이 돼요. 왜냐하면 그 뼈대로 문장의 중심 뜻을 빨리 알 수 있기 때문이에요. 사실 '중심어'와 '수식어' 개념은 우리 교재에서 특별히 만든 이름이에요. 뒤에 '문장형식'이란 걸 공부하는데, 이 중심어/수식어 개념이 없으면 무슨 말인지 이해하기 어려워요.

앞에서 배웠듯이, '중심어/수식어'는 '문장성분'을 기준으로 구분했어요.

중심어 (뼈대)	=	주어, 서술어(동사), 목적어, 보어
수식어 (장식)	=	수식해주는 말들 (형용사, 부사, 전치사구 등)

예1 Kids　　learn　　computers　　quickly.　　They　　are　　smart.
　　　　(주어)　　(동사)　　(목적어)　　　(수식어)　　(주어)　(동사)　(보어)
　　　(중심어)　(중심어)　(중심어)　　(수식어)　　(중심어)　(중심어)　(중심어)

위 문장은 짧아서, 중심어/수식어와 문장성분이 한 단어씩이에요. 그런데 수많은 문장들이 모두 짧지는 않아요. 막상 긴 문장을 마주쳤을 때 '문장성분'과 '중심어/수식어' 관계가 좀 헷갈릴 수 있는데, 그 부분을 명확히 해보기로 해요. 아래 긴 문장에서 문장성분과 중심어/수식어 구분을 해볼게요.

예2 A small and cute monkey on the tree ate a big and sweet banana.

① A small and cute monkey on the tree / ate / a big and sweet banana.
　　　　　　(주어)　　　　　　　　(동사)　　　(목적어)

② A small and cute / monkey / on the tree / ate / a big and sweet / banana.
　　(수식어)　　　(중심어)　　(수식어)　　(중심어)　　(수식어)　　(중심어)

예1의 짧은 문장은 '주어/목적어/보어'가 한 단어씩 바로 '중심어'였지만, **예2**의 긴 문장은 주어와 목적어 속에 '수식어'들이 또 들어가 있어요. 여기서 '중심어'란 '가장 핵심적인 말'이란 뜻이에요. 만약 주어/목적어/보어가 길어지면, 다시 그 안을 더 자세히 나눠 '핵심 주어/목적어/보어 낱말'을 찾으면 돼요.

긴 문장은 보통 '주어/목적어/보어'에 '수식'이 붙어 덩어리로 만들어지기 때문에, 그 덩어리 안에서 다시 '(핵심) 중심어'와 '수식어'를 구분해주는 거예요. 이렇게 '핵심 중심어 뽑아내기'를 연습해보면 어떤 문장을 보더라도 그 중심 뜻을 빨리 이해할 수 있답니다!

15
중심어, 수식어는 고정된 게 아니라고요?

15

중심어, 수식어는 고정된 게
아니라고요?

📅 공부한 날. ⟋⟍⟋⟍⟋ 월 ⟋⟍⟋⟍⟋ 일 ⟋⟍⟋⟍⟋ 요일

이렇게 공부해요 소리 내어 읽어보며 이해합니다. 선생님이 읽어주는 녹음 파일을 들어보면 더 좋습니다.

영어의 한 특징으로 '영어는 반복을 아주 싫어한다.'는 거 기억나세요? 그래서 '접속사'와 '대명사' 재료로 되풀이되는 부분을 없애줬었죠?

이번 시간과 다음 시간에는 영어의 또 다른 특징을 하나 배울 건데, 그것은 "영어에서 품사는 가변적이고, 어순은 고정적이다."라는 거예요. 이걸 〈영어 품사의 가변성과 어순의 고정성〉이라고도 해요. (※가변적: '변할 수 있는'의 뜻, 가변성: 상황에 따라 변할 수 있는 성질)

영어에서 '품사'는 변할 수 있지만, '어순', 즉 낱말이 놓이는 순서는 변함이 없이 고정적이라는 얘기예요. 이 특징은 우리 한국말과 정반대예요. 왜냐하면 우리말은 품사가 고정적이지만 어순은 변해도 괜찮거든요.

예를 들어, 우리말에서 '물'이란 말은 '명사' 역할만 해요. 우리말은 품사가 고정적이라 그런 건데, 영어는 품사가 변할 수 있어요. 그러니까 영어 단어 'water'는 '물'이란 뜻의 명사로 쓰이기도 하고, '물을 주다'라는 동사의 역할도 할 수 있어요.

- They drank <u>water</u>. (그들은 물을 마셨다.)
  물 → '명사'

- They <u>water</u> the plants every day. (그들은 매일 화초에 물을 준다.)
  물을 주다 → '동사'

'clean' 같은 단어도 형용사 '깨끗한' 또는 동사 '청소하다'로 쓰일 수 있죠.

이번 쌤놀이에서 '겹치기 역할'을 하는 단어를 많이 배울 거예요.

그리고 지난 시간에 배웠던 '중심어'와 '수식어'도 딱 고정된 게 아니에요.

똑같은 낱말이라도 문장 내 쓰임에 따라 어떤 문장에서는 '중심어'로 쓰이고,

다른 문장에서는 '수식어'가 될 수도 있어요.

이처럼 한 낱말의 뜻이나 역할은 '문장 안에서 그때그때 결정'되는 거예요.

자, 이번 시간에는 그런 낱말의 '역할 겹치기'를 잘 익혀봅시다! 화이팅~ 🤖

 놀이

이렇게공부해요 ✌ 소리 내어 읽으면서 이해합니다. ✌ 내용을 보면서 선생님이 가르치듯 쌤놀이를 합니다. ✌ 확인란에 체크!

지난 시간에 '뼈대와 장식, 즉 중심어와 수식어 구분하는 법'을 배웠어요.

이를 통해 '긴 문장'을 정확하고 빨리 이해하는 연습을 해봤어요.

그런데 이 '중심어'와 '수식어'가 항상 정해져 있을까요?

아뇨, 그렇지 않아요. '중심어'와 '수식어'는 고정된 낱말이 아니랍니다.

중심어와 수식어는 문장 안에서 그때그때 결정이 되는 거예요.

아래 예문에서 'the house'의 형태가 똑같지만 그 역할은 완전히 달라요.

(1) Timothy sold the house. (Timothy는 그 집을 팔았다.)

Timothy	sold	the house.
주어	동사	목적어
중심어	중심어	중심어

(2) He was happy in the house. (그는 그 집에서 행복했다.)

He	was	happy	in the house.
주어	동사	보어	수식어
중심어	중심어	중심어	(전치사구) 수식어

(1)번 문장의 'the house'는 동작의 대상인 '목적어'로 '중심어'이고,

(2)번 문장의 'the house'는 전치사구 'in the house' 덩어리에 묶여져요.

그래서 중심 뜻이 아닌 '장소' 정보를 제공하는 '수식어'에 속하게 돼요.

☑
소리 내어 읽었나요? 1회 ☐ 2회 ☐ 쌤놀이를 했나요? Yes ☐ No ☐

쌤놀이

▶ Action ② 그때그때 달라지는 예

✌️소리 내어 읽으면서 이해합니다. ✌️내용을 보면서 선생님이 가르치듯 쌤놀이를 합니다. ✌️확인란에 체크!

이번에는 다음 세 문장을 한번 살펴봅시다.

(3) **The woman is pretty.** (그 여자는 예쁘다.)

The woman		is	pretty.
주어		동사	보어
중심어		중심어	중심어

(4) **The pretty woman is quiet.** (그 예쁜 여자는 조용하다.)

The pretty	woman	is	quiet.
주어		동사	보어
수식어	중심어	중심어	중심어

(5) **The pretty woman is a quiet nurse.** (그 예쁜 여자는 조용한 간호사이다.)

The pretty	woman	is	a quiet	nurse.
주어		동사	보어	
수식어	중심어	중심어	수식어	중심어

(3)번 문장에서 'pretty'는 '보어'로 '중심어'였어요.

(4)번 문장의 'pretty'는 '수식어'가 됐고, 'quiet'가 '보어'로서 '중심어'가 됐어요.

(5)번 문장에서는 'quiet'도 'nurse'란 명사를 수식하며 '수식어'가 됐어요.

위 'pretty'나 'quiet'의 예처럼 똑같은 단어라도 문장에서 쓰임에 따라

'중심어'가 되기도 하고 '수식어'가 되기도 하는 거예요.

☑️
소리 내어 읽었나요? 1회 ☐ 2회 ☐ 쌤놀이를 했나요? Yes ☐ No ☐

▶ Action ③ 품사와 뜻이 바뀌는 낱말의 예

이렇게 공부해요 ✌ 소리 내어 읽으면서 이해합니다. ✌ 내용을 보면서 선생님이 가르치듯 쌤놀이를 합니다. ✌ 확인란에 체크!

영어에서는 낱말의 품사와 뜻이 변할 수가 있어요.

같은 사람이 여러 역할을 맞아 겹치기 출연을 하는 것처럼요.

다음 표에 그런 '겹치기 역할'을 하는 단어의 예가 있어요.

walk	몡 산책	He takes a walk everyday. (그는 매일 산책을 한다.)
	동 걸어가다	He walks to school. (그는 학교에 걸어간다.)
clean	형 깨끗한	My hands are clean. (내 손은 깨끗하다.)
	동 청소하다	Sam cleaned his room. (Sam은 그의 방을 청소했다.)
hard	형 어려운, 단단한/딱딱한	The test was hard. (그 시험은 어려웠다.) The stone is really hard. (그 돌은 정말 단단하다.)
	부 열심히, 세게	Tom works hard. (Tom은 열심히 일한다.) He kicked the ball hard. (그는 공을 세게 찼다.)
fast	형 빠른	His car is fast. (그의 차는 빠르다.)
	부 빠르게, 빨리	The horse ran really fast. (그 말은 정말 빨리 달렸다.)
late	형 늦은	She was late for school. (그녀는 학교에 늦었다.)
	부 늦게	He came late today. (그는 오늘 늦게 왔다.)
high	형 높은	The price is too high. (가격이 너무 높다.)
	부 높게, 높이	He flew the kite high. (그는 연을 높이 날렸다.)

이번 시간엔 낱말의 뜻이나 역할이 쓰임에 따라 변할 수 있음을 배웠어요.

'중심어'와 '수식어'도 고정되어 있지 않고, 품사의 종류도 그때그때 결정돼요.

이와 반대로 <영어의 어순은 고정적>이라는 특징이 다음 마지막 시간의 주제예요.

그럼 마지막까지 힘내서 멋진 마무리를 해봅시다~ 화이팅!! 🤓

소리 내어 읽었나요? 1회 ☐ 2회 ☐ 쌤놀이를 했나요? Yes ☐ No ☐

▲▲H 놀이 확인문제

이렇게공부해요

👆쌤놀이 내용을 떠올리며 빈칸을 채워봅니다. ✌️쌤놀이 내용을 참고해도 됩니다. ✌️답 확인 후 소리 내어 읽어보세요.

빈칸에 들어갈 알맞은 말을 써보세요.

1 영어의 한 특징은 '품사는 ① ☐☐ 적이고, 어순은 ② ☐☐ 적이다.'예요.

그래서 영어 단어는 품사와 뜻이 변할 수 있고, '중심어'와 '수식어'도 고정된

낱말이 아니에요. 문장 안에서 ③ ☐☐☐☐ 결정이 되는 거예요.

2 밑줄 친 말이 '중심어'인지 '수식어'인지 구별하기

· The woman is ①pretty. ⇒ ① (중심어 / 수식어)

· The ②pretty woman is ③quiet. ⇒ ② (중심어 / 수식어) ③ (중심어 / 수식어)

· The pretty woman is a ④quiet nurse. ⇒ ④ (중심어 / 수식어)

3 영어 단어의 '겹치기 역할' 예

clean	형 깨끗한	My hands are clean. (내 손은 깨끗하다.)
	동 ① ☐☐☐☐	Sam cleaned his room. (Sam은 그의 방을 청소했다.)
fast	형 ② ☐☐	His car is fast. (그의 차는 빠르다.)
	부 빠르게, 빨리	The horse ran really fast. (그 말은 정말 빨리 달렸다.)
late	형 늦은	She was late for school. (그녀는 학교에 늦었다.)
	부 ③ ☐☐	He came late today. (그는 오늘 늦게 왔다.)

1. ① 가변 ② 고정 ③ 그때그때 2. ① 중심어 ② 수식어 ③ 중심어 ④ 수식어 3. ① 청소하다 ② 빠른 ③ 늦게

이렇게 공부해요
문제를 풀 때 절대 페이지를 넘겨보지 마세요!(쌤놀이 해설이 있음)
100점 맞기 위해서가 아니라 뭘 모르는지 알기 위해 문제를 풀어보는 거랍니다.^^

A 밑줄 친 단어의 알맞은 '의미'를 오른쪽에서 골라 동그라미 표시하세요.

① Brian solved the <u>hard</u> problem.　　　혱 어려운　　　붜 세게

② The people in the village need <u>clean</u> water.　　동 청소하다　　혱 깨끗한

③ His brother wanted a <u>fast</u> car.　　　혱 빠른　　　붜 빠르게

④ They had a <u>late</u> lunch in a cafe.　　　혱 늦은　　　붜 늦게

⑤ We took a <u>walk</u> for an hour.　　　멍 산책　　　동 걸어가다

⑥ The eagle flew <u>high</u> in the sky.　　　혱 높은　　　붜 높게, 높이

⑦ The students <u>cleaned</u> the classroom.　　동 청소하다　　혱 깨끗한

⑧ A turtle has a <u>hard</u> shell on its back.　　혱 단단한/딱딱한　　붜 세게

⑨ The show started ten minutes <u>late</u>.　　혱 늦은　　　붜 늦게

⑩ Her uncle drives the car <u>fast</u>.　　　혱 빠른　　　붜 빠르게

B 다음 예시처럼 ☐ 안의 말이 '중심어'인지 '수식어'인지 구분해서 써보세요.

The boy watered the horses. (그 소년은 말들에게 물을 줬다.)

The boy	watered	the horses.
중심어	중심어	중심어

❶ Jason flew his kite high. (Jason은 그의 연을 높이 날렸다.)

Jason	flew	his kite	high.

❷ Every living thing needs water. (모든 생물은 물을 필요로 한다.)

Every	living thing	needs	water.

❸ The two players were very fast. (그 두 선수는 매우 빨랐다.)

The two players	were	very	fast.

❹ The shell on a turtle's back is hard. (거북이 등 위의 껍질은 단단하다.)

The shell	on a turtle's back	is	hard.

익힘 문제풀이

▶ 풀이

'hard'는 명사 'problem'을 꾸며주는 형용사로, 이때는 '어려운'의 뜻이 돼요.

'clean'은 명사 'water'를 꾸며주는 형용사로, '깨끗한'의 뜻으로 쓰였어요.

'fast'는 명사 'car'를 꾸며주는 형용사이고. 이때 뜻은 '빠른'이 돼요.

이 문장에서 'late'는 명사 'lunch'를 꾸며주는 형용사여서 뜻은 '늦은'이 돼요.

'take a walk'는 '산책을 하다'라는 표현인데요. 이때 'walk'는 '산책'이란 뜻의 명사이고, 동사로 'take'가 쓰이고 있어요.

이때 'high'는 어떻게 날았는지 동사 'flew'를 꾸며주는 부사, 뜻은 '높게/높이'가 돼요.

이 문장은 '주어+동사+목적어' 형태로, 이때 'cleaned'는 동사로 쓰이고 있어요. 그래서 뜻은 '청소하다'가 되어야 해요.

'hard'는 명사 'shell'을 꾸며주는 형용사로, 이때 뜻은 '단단한/딱딱한'이에요.

A 밑줄 친 단어의 알맞은 '의미'를 오른쪽에서 골라 동그라미 표시하세요.

❶ Brian solved the hard problem.   (형 어려운)   부 세게
Brian은 그 어려운 문제를 풀었다.

❷ The people in the village need clean water.   동 청소하다   (형 깨끗한)
그 마을의 사람들은 깨끗한 물이 필요하다.

❸ His brother wanted a fast car.   (형 빠른)   부 빠르게
그의 형은 빠른 차를 원했다.

❹ They had a late lunch in a cafe.   (형 늦은)   부 늦게
그들은 한 카페에서 늦은 점심을 먹었다.

❺ We took a walk for an hour.   (명 산책)   동 걸어가다
우리는 한 시간 동안 산책을 했다.

❻ The eagle flew high in the sky.   형 높은   (부 높게, 높이)
그 독수리는 하늘 높이 날았다.

❼ The students cleaned the classroom.   (동 청소하다)   형 깨끗한
그 학생들은 교실을 청소했다.

❽ A turtle has a hard shell on its back.   (형 단단한/딱딱한) 부 세게
거북이는 등에 딱딱한 껍질을 가지고 있다.

⑨ The show started ten minutes late.
그 쇼는 십분 늦게 시작했다.

형 늦은   부 늦게

그 쇼가 10분 늦게 시작했는데, 그 쇼가 어떻게 시작했는지 동사 'started'를 꾸며주고 있어요. 그래서 이때 'late'는 '늦게'라는 뜻의 부사(수식어)예요.

⑩ Her uncle drives the car fast.
그녀의 삼촌은 차를 빠르게 운전한다.

형 빠른   부 빠르게

이때 'fast'는 삼촌이 차를 어떻게 운전하는지 동사 'drives'를 뒤에서 꾸며주고 있어요. 그래서 뜻은 '빠르게'가 돼요.

B 다음 예시처럼 ☐ 안의 말이 '중심어'인지 '수식어'인지 구분해서 써보세요.

① Jason flew his kite high. (Jason은 그의 연을 높이 날렸다.)

Jason	flew	his kite	high.
중심어	중심어	중심어	수식어

② Every living thing needs water. (모든 생물은 물을 필요로 한다.)

Every	living thing	needs	water.
수식어	중심어	중심어	중심어

③ The two players were very fast. (그 두 선수는 매우 빨랐다.)

The two players	were	very	fast.
중심어	중심어	수식어	중심어

④ The shell on a turtle's back is hard. (거북이 등 위의 껍질은 단단하다.)

The shell	on a turtle's back	is	hard.
중심어	수식어	중심어	중심어

▶ 풀이

'Jason(주어) + flew(동사) + kite(목적어)' 형태가 되어 모두 '중심어'가 되고, 'high'는 연을 어떻게 날렸는지 동사를 꾸며주는 부사로 '수식어'가 돼요.

'living thing(주어) + needs(동사) + water(목적어)' 형태로, 주어, 동사, 목적어는 '중심어'가 되고, 'Every(모든)'는 'living thing'을 수식하는 형용사로 '수식어'가 된답니다.

'the players(주어) + were(동사) + fast(보어)'의 형태로, 이때 'fast'는 '보어'로 쓰여 '중심어'예요. 부사 'very'는 얼마나 정도가 빠른지 'fast'를 꾸며주고 있어서 '수식어'가 돼요.

'the shell(주어) + is(동사) + hard(보어)'의 형태인데, 이때 'hard'는 '보어'로 쓰여 '중심어'가 됐어요. 전치사구 'on a turtle's back'은 'shell'을 꾸며주는 '수식어'예요.

중심어와 수식어 개념 익히기

이렇게 공부해요 중심어, 수식어 개념을 확실히 익혀두면 앞으로 2권, 3권을 공부할 때 큰 도움이 됩니다. 복습해보세요!

괄호에 연하게 써진 '중심어, 수식어'를 따라 써보며 중심어/수식어 개념을 복습해봅시다.

1 | A duck | / | swims. |
(중심어) (중심어)

→ **뼈대문장** : 무엇이(오리 한 마리가) 어찌하다(수영한다)

2 | Ben and Eric | / | were | / | happy | / | after the test. |
(중심어) (중심어) (중심어) (수식어)

→ **뼈대문장** : 무엇이(Ben과 Eric은) 어떠하다(행복했다)

3 | The happy | / | boys | / | watched | / | a funny | / | movie. |
(수식어) (중심어) (중심어) (수식어) (중심어)

→ **뼈대문장** : 무엇이(소년들은) 무엇을(영화를) 어찌하다(봤다)

4 | The kids | / | ducked | / | their heads | / | behind the sofa. |
(중심어) (중심어) (중심어) (수식어)

→ **뼈대문장** : 무엇이(아이들은) 무엇을(그들의 머리를) 어찌하다(숙였다)

5 | The ladies | / | at the cafeteria | / | were | / | kind | | nurses. |
(중심어) (수식어) (중심어) (수식어) (중심어)

→ **뼈대문장** : 무엇이(아가씨들은) 무엇이다(간호사들이었다)

6 | The workers | / | at the store | / | were | / | really | | kind. |
(중심어) (수식어) (중심어) (수식어) (중심어)

→ **뼈대문장** : 무엇이(직원들은) 어떠하다(친절했다)

MH 놀이
▶ 개념 영문법

16
문장에도 설계도가 있다고요?

▲ 첫째날 배움

쌤놀이 Action ❶ 뿌리 문장들의 설계도

쌤놀이 Action ❷ 문장성분 기호 익히기

쌤놀이 Action ❸ 1형식, 2형식, 3형식 문장

쌤놀이 확인문제

▲ 둘째날 익힘

익힘문제

쌤놀이 Action ❹ 익힘문제 풀이

조금 더 알아봐요! 문장형식 이해에 필요한 개념은 몇 가지나 될까요?

16

문장에도 설계도가 있다고요?

이렇게 공부해요 소리 내어 읽어보며 이해합니다. 선생님이 읽어주는 녹음 파일을 들어보면 더 좋습니다.

드디어 1권의 마지막 시간이 되었어요. 그동안 영어로 의사소통을 하기 위해 영어 문장을 어떻게 만드는지 공부했어요. 지난 시간에는 '영어의 특징'을 다음과 같이 배웠지요.

한국어	품사 고정적	어순 가변적
영어	품사 가변적	어순 고정적

'가변적'이란 말은 '변할 수 있다'는 뜻이었죠. 어떤 낱말이 중심어인지 수식어인지, 또 어떤 품사가 되는지는 문장에서 쓰임에 따라 그때그때 결정된다고 했어요.

이번 시간에는 '영어 어순이 고정적'이라는 부분을 살펴보려고 해요. '어순'이란 문장에서 낱말들이 나열되는 순서를 말해요. 아래 문장의 어순을 한번 비교해보세요.

㉠ 원숭이가 바나나를 먹는다. (O)   ⓐ A monkey eats a banana. (O)

㉡ 바나나를 먹는다 원숭이가. (O)   ⓑ A banana eats a monkey. (X)

㉢ 먹는다 원숭이가 바나나를. (O)   ⓒ Eats a monkey a banana. (X)

우리말은 어순이 바뀌어도 이해하는 데 전혀 문제가 없어요. 하지만 영어는 달라요. ⓐ만 옳은 문장이고, ⓑ는 '바나나가 원숭이를 먹는다'는 뜻의 이상한 문장이에요. ⓒ는 아예 말이 되지 않는 틀린 문장이고요. (이 내용은 2단원 〈조금 더 알아봐요!〉에서 한번 다뤘답니다!)

정리를 해보면, 우리말은 '가', '를', '은'과 같은 '조사'라는 말이 있어요. 이 조사가 낱말 끝에 붙어 뜻을 붙잡아줘요. 그래서 낱말의 순서가 바뀌어도 뜻이 통해요. 하지만 영어에는 우리말의 '조사' 같은 말이 아예 없어요. 대신에 영어는 우리말과 달리 낱말의 '순서(위치)'가 아주 중요해요. 낱말의 순서를 지키지 않으면 이상하거나 완전히 틀린 문장이 돼요. 그래서 〈영어의 어순은 고정적이다〉라는 얘기예요.

영어 어순이 고정적이라면 그럼 낱말의 순서는 어떻게 돼야할까요? 이때 등장하는 게 '문장의 설계도'란 개념이에요. 이 '문장의 설계도'를 다른 말로 '문장형식'이라고 해요.

'형식'이란 '구조/짜임새'란 뜻인데 '뼈대'와 비슷한 말이에요. 우리가 '뼈대와 장식, 중심어와 수식어', 이런 개념을 익혔던 이유가 바로 이 '문장형식'을 배우기 위해서였어요. 자, 그럼 1권의 마지막 여행을 힘차게 떠나볼까요? Let's Go~ 🐧

쌤놀이

이렇게공부해요 ✌ 소리 내어 읽으면서 이해합니다. ✌ 내용을 보면서 선생님이 가르치듯 쌤놀이를 합니다. ✌ 확인란에 체크!

집이나 빌딩을 지을 때 그냥 마구 짓는 게 아니죠?

뭘 어떻게 지을지를 보여주는 '설계도면'이 있어야 해요.

우리가 배우는 영어 문장에도 '설계도' 같은 게 있어요.

이 '문장의 설계도'를 다른 말로 '문장형식'이라고 해요.

'형식'이란 '구조/짜임새'란 뜻인데 바로 '뼈대'를 말하는 거예요.

그러니까 '문장형식'은 한마디로 '뼈대 문장'이에요.

뼈대 문장은 문장을 '중심어/수식어'로 나눠서 중심어만 뽑은 건데,

'중심어'는 문장에서 '주어, 동사(서술어), 목적어, 보어', 네 가지였어요.

문장은 '뼈대'와 '장식'으로 이루어져 있는데, 영어 문장에서는

이 뼈대의 순서가 딱 정해져 있어요. 즉, 어순이 고정되어 있어요.

기초 문장인 '뿌리 문장'들을 '문장 설계도'로 나타내보면 다음과 같아요.

(뿌리 문장)	**(고정된 영어 뼈대문장 어순)**	**(문장 설계도)**
• 무엇이 어찌하다	→ 주어 + 동사	→ 1형식 문장
• 무엇이 어떠하다 • 무엇이 무엇이다	→ 주어 + 동사 + 보어	→ 2형식 문장
• 무엇이 무엇을 어찌하다	→ 주어 + 동사 + 목적어	→ 3형식 문장

'문장형식'에는 4, 5형식 두 가지가 더 있는데, 그것은 2권에서 자세히 배울 거예요.

▶ Action ② 문장성분 기호 익히기

이렇게공부해요 ✌ 소리 내어 읽으면서 이해합니다. ✌ 내용을 보면서 선생님이 가르치듯 쌤놀이를 합니다. ✌ 확인란에 체크!

앞의 '고정된 영어 어순'인 <문장형식>을 간단히 나타낼 수도 있어요.

'주어 + 동사 + 목적어', 이렇게 쓰지 않고 마치 공식처럼 간단하게

'알파벳 기호'로 표시해주는 거예요.

문장의 뼈대인 '중심어'는 '문장성분' 중 '주어, 동사, 목적어, 보어'였어요.

영어로 주어를 'Subject', 동사를 'Verb', 목적어를 'Object', 보어를

'Complement'라고 해요. 이 문장성분 영어 단어의 각 앞 글자를 따서

아래처럼 문장성분의 '약자'로 쓸 수 있어요.

S = 주어   **V** = 동사   **O** = 목적어   **C** = 보어

이제 문장성분 기호로 앞의 '문장형식'을 다시 써보면 이렇게 돼요.

(문장형식)   **(문장형식 공식)**

- **1형식 문장:**   **S** + **V**

  　　　　　　　(주어)　(동사)

- **2형식 문장:**   **S** + **V** + **C**

  　　　　　　　(주어)　(동사)　(보어)

- **3형식 문장:**   **S** + **V** + **O**

  　　　　　　　(주어)　(동사)　(목적어)

☑ 소리 내어 읽었나요? 1회 ☐ 2회 ☐ 쌤놀이를 했나요? Yes ☐ No ☐

이렇게 공부해요 ✌️소리 내어 읽으면서 이해합니다. ✌️내용을 보면서 선생님이 가르치듯 쌤놀이를 합니다. ✌️확인란에 체크!

그럼 예문을 가지고 '문장형식'을 한번 알아볼게요.

문장을 '중심어 / 수식어'로 구분을 한 후, '수식어'를 제외하고

'중심어(뼈대)'만 뽑아내면 그 문장의 '문장형식'을 알 수 있어요.

(☞ 중심어 : 주어, 동사, 목적어, 보어)

(무엇이 어찌하다)

(1) A man runs along the river.
　　(주어)　(동사)　(전치사 수식어)

(한 남자가 강을 따라 달린다.)

→ S + V
 <주어> <동사>

→ 1형식 문장

(무엇이 어떠하다)

(2) The man is happy.
　　(주어)　(동사)　(보어)

(그 남자는 행복하다.)

(무엇이 무엇이다)

The man is a doctor.
　(주어)　(동사)　(보어)

(그 남자는 의사다.)

→ S + V + C
 <주어> <동사> <보어>

→ 2형식 문장

(무엇이 무엇을 어찌하다)

(2) The thirsty man drinks water in the park.
　(형용사 수식어)　(주어)　(동사)　(목적어)　(전치사 수식어)

(그 목마른 남자는 공원에서 물을 마신다.)

→ S + V + O
 <주어> <동사> <목적어>

→ 3형식 문장

'문장형식'을 재빨리 파악할 수 있으면, 문장을 정확하고 빠르게

이해할 수 있어요. 또 '문장형식'의 도움으로 문장 만들기도 쉽게 할 수 있어요.

여러분, 그동안 정말 수고 많았고요. 2권에서 또 힘차게 만나요~ 화이팅! 👦

소리 내어 읽었나요? 1회☐ 2회☐ 쌤놀이를 했나요? Yes☐ No☐

✓✓H 놀이 확인문제

✌쌤놀이 내용을 떠올리며 빈칸을 채워봅니다. ✌쌤놀이 내용을 참고해도 됩니다. ✌답 확인 후 소리 내어 읽어보세요.

빈칸에 들어갈 알맞은 말을 써보세요.

1 영어의 어순은 ① ▢ ▢ 되어 있어서 낱말의 순서가 잘못되면 안돼요.

이 '고정된 영어 어순'을 이용해서 중심어 '주어, 동사, 목적어, 보어'만

뽑아내어 나열한 '문장의 설계도'를 '문장 ② ▢ ▢'이라고 해요.

2 기초 문장인 '뿌리 문장'의 '설계도'를 뽑아보면 다음과 같아요.

(뿌리 문장)	(고정된 영어 뼈대문장 어순)	(문장 설계도)
(1) **무엇이 어찌하다**	➔ 주어 + 동사	➔ ① ▢▢▢ 문장
(2) **무엇이 어떠하다** **무엇이 무엇이다**	➔ 주어 + 동사 + ② ▢▢	➔ ③ ▢▢▢ 문장
(3) **무엇이 무엇을** **어찌하다**	➔ 주어 + 동사 + ④ ▢▢▢	➔ ⑤ ▢▢▢ 문장

3 문장의 형식은 알파벳 기호 약자로 표시할 수 있는데,

1, 2, 3형식을 '알파벳 기호'로 다시 써보면 다음과 같아요.

· 1형식 문장 : ① ▢ + ▢

· 2형식 문장 : ② ▢ + ▢ + ▢

· 3형식 문장 : ③ ▢ + ▢ + ▢

'문장형식'을 빨리 파악할 수 있으면, 문장을 더 잘 ④ ▢▢ 할 수 있어요.

또 '문장형식'의 도움으로 문장 ⑤ ▢▢▢ 도 쉽게 할 수 있어요.

1. ① 고정 ② 형식 2. ① 1형식 ② 보어 ③ 2형식 ④ 목적어 ⑤ 3형식 3. ① S + V ② S + V + C ③ S + V + O ④ 이해 ⑤ 만들기

익힘문제

이렇게 공부해요
문제를 풀 때 절대 페이지를 넘겨보지 마세요!(쌤놀이 해설이 있음)
100점 맞기 위해서가 아니라 뭘 모르는지 알기 위해 문제를 풀어보는 거랍니다.^^

A 다음 예시처럼 문장에서 뼈대를 뽑아 쓰고 알맞은 문장 형식에 ✓ 표시하세요.

> The happy and old woman cheered the weak boy in the
> playground. (그 행복하고 늙은 여자는 운동장에 있는 그 약한 소년을 응원했다.)
>
> _____ _____ woman cheered boy
>
> 무엇이 어찌하다   무엇이 어떠하다, 무엇이 무엇이다   무엇이 무엇을 어찌하다
> → 1형식 (S + V) ☐   → 2형식 (S + V + C) ☐   → 3형식 (S + V + O) ☑

① Sam read two books yesterday in the library.
(Sam은 어제 도서관에서 책 두 권을 읽었다.)

_____   _____   _____

무엇이 어찌하다   무엇이 어떠하다, 무엇이 무엇이다   무엇이 무엇을 어찌하다
→ 1형식 (S + V) ☐   → 2형식 (S + V + C) ☐   → 3형식 (S + V + O) ☐

② The tall woman with glasses is a famous scientist.
(안경을 쓴 그 키 큰 여자는 유명한 과학자이다.)

_____   _____   _____

무엇이 어찌하다   무엇이 어떠하다, 무엇이 무엇이다   무엇이 무엇을 어찌하다
→ 1형식 (S + V) ☐   → 2형식 (S + V + C) ☐   → 3형식 (S + V + O) ☐

③ The small snail in the yard moves slowly and quietly at night.
(마당에 있는 그 작은 달팽이는 밤에 천천히 그리고 조용히 움직인다.)

_____   _____   _____

무엇이 어찌하다   무엇이 어떠하다, 무엇이 무엇이다   무엇이 무엇을 어찌하다
→ 1형식 (S + V) ☐   → 2형식 (S + V + C) ☐   → 3형식 (S + V + O) ☐

④ The bear was sad in the lonely forest.
(그 곰은 외로운 숲 속에서 슬펐다.)

_____   _____   _____

무엇이 어찌하다   무엇이 어떠하다, 무엇이 무엇이다   무엇이 무엇을 어찌하다
→ 1형식 (S + V) ☐   → 2형식 (S + V + C) ☐   → 3형식 (S + V + O) ☐

B 다음 예시처럼 주어진 문장과 같은 형식의 문장을 골라보세요.

> **The vegetables at the supermarket were fresh in the morning.** (슈퍼마켓의 채소들은 아침에 신선했다.)　　　　(→ 2형식)
>
> ① The horse runs and jumps in the field.　　　　(→ 1형식)
> 　(그 말은 들판에서 달리고 점프한다.)
>
> ☑ My teacher is very kind.　　　　(→ 2형식)
> 　(나의 선생님의 매우 친절하다.)
>
> ③ Ben's brother cleans his room everyday.　　　　(→ 3형식)
> 　(Ben의 형은 그의 방을 매일 청소한다.)

① Their cute babies sleep quietly upstairs in the afternoon.

　① The room was bright with the sunlight.

　② Mrs. Lee changed her hair style yesterday.

　③ His Grandpa drives carefully at night.

② The strange man's voice was strange, too.

　① The kids played outside before dinner.

　② The people in the village were really kind and warm.

　③ Alex and I helped an old woman yesterday.

③ Mike's present from his uncle was a toy car.

　① My parents were teachers in a small village.

　② Judy and Danny live in a big city.

　③ The painter drew a sketch on the wall.

④ Sam and Linda gathered their toys on the floor.

　① A new and big store opened in our town.

　② The map showed the streets and buildings in the downtown.

　③ Brian's sister is a US citizen.

익힘 문제풀이

▶️ **풀이**

'Sam은 책들을 읽었다'로, '무엇이 무엇을 어찌하다'는 뼈대를 가진 문장이에요. 그래서 <주어 + 동사 + 목적어> 형태의 3형식 문장이 돼요.

'여자는 과학자다'는 뜻으로, '무엇이 무엇이다'는 뼈대의 문장이에요. 이에 해당하는 문장형식은 <주어 + 동사 + 보어>의 2형식 문장이에요.

문장이 길어 보이지만, 중심 뜻은 간단히 '달팽이가 움직인다'로, '무엇이 어찌하다'는 뼈대의 문장이에요. 그래서 문장형식은 <주어 + 동사> 형태의 1형식 문장이랍니다.

'곰이 슬펐다'는 뜻인데, '무엇이 어떠하다'는 뼈대를 가진 문장이에요. 그래서 <주어 + 동사 + 보어> 형태의 2형식 문장이 돼요.

A 다음 예시처럼 문장에서 뼈대를 뽑아 쓰고 알맞은 문장 형식에 ✓ 표시하세요.

① Sam read two books yesterday in the library.
(Sam은 어제 도서관에서 책 두 권을 읽었다.)

_____   _____   **Sam read books**
무엇이 어찌하다   무엇이 어떠하다, 무엇이 무엇이다   무엇이 무엇을 어찌하다
→ 1형식 (S + V) ☐   → 2형식 (S + V + C) ☐   → 3형식 (S + V + O) ☑

② The tall woman with glasses is a famous scientist.
(안경을 쓴 그 키 큰 여자는 유명한 과학자이다.)

_____   **woman is scientist**   _____
무엇이 어찌하다   무엇이 어떠하다, 무엇이 무엇이다   무엇이 무엇을 어찌하다
→ 1형식 (S + V) ☐   → 2형식 (S + V + C) ☑   → 3형식 (S + V + O) ☐

③ The small snail in the yard moves slowly and quietly at night.
(마당에 있는 그 작은 달팽이는 밤에 천천히 그리고 조용히 움직인다.)

Snail moves   _____   _____
무엇이 어찌하다   무엇이 어떠하다, 무엇이 무엇이다   무엇이 무엇을 어찌하다
→ 1형식 (S + V) ☑   → 2형식 (S + V + C) ☐   → 3형식 (S + V + O) ☐

④ The bear was sad in the lonely forest.
(그 곰은 외로운 숲 속에서 슬펐다.)

_____   **bear was sad**   _____
무엇이 어찌하다   무엇이 어떠하다, 무엇이 무엇이다   무엇이 무엇을 어찌하다
→ 1형식 (S + V) ☐   → 2형식 (S + V + C) ☑   → 3형식 (S + V + O) ☐

▶️ **풀이**

1번 문제의 뼈대 문장은 '무엇이 어찌하다'로, 1형식 문장이에요.

①번의 뼈대 문장은 '무엇이 어떠하다'로, 2형식 문장이에요.

②번의 뼈대 문장은 '무엇이 무엇을 어찌하다'로, 3형식 문장이에요.

③번의 뼈대 문장은 '무엇이 어찌하다'로, 1형식 문장이 되어 ③번이 답이에요.

B 다음 예시처럼 주어진 문장과 같은 형식의 문장을 골라보세요.

① Their cute babies sleep quietly upstairs in the afternoon.
그들의 귀여운 아기들은 오후에 위층에서 조용히 잠잔다.

　① The room was bright with the sunlight.
　그 방은 햇빛 때문에 밝았다.

　② Mrs. Lee changed her hair style yesterday.
　Lee 부인은 어제 그녀의 머리 스타일을 바꿨다.

　❸ His Grandpa drives carefully at night.
　그의 할아버지는 밤에 조심스럽게 운전한다.

❷ The strange man's voice was strange, too.
그 이상한 남자의 목소리도 또한 이상했다.

① The kids played outside before dinner.
그 아이들은 저녁식사 전에 밖에서 놀았다.

❷ The people in the village were really kind and warm.
그 마을 사람들은 매우 친절하고 따뜻했다.

③ Alex and I helped an old woman yesterday.
Alex와 나는 어제 한 할머니를 도와드렸다.

2번 문제의 뼈대 문장은 '무엇이 어떠하다'로, 2형식 문장이에요.

①번의 뼈대 문장은 '무엇이 어찌하다'로, 1형식 문장이에요.

②번의 뼈대 문장은 '무엇이 어떠하다'로, 2형식 문장이므로, ②번이 답이에요.

③번의 뼈대 문장은 '무엇이 무엇을 어찌하다'로, 3형식 문장이에요.

❸ Mike's present from his uncle was a toy car.
Mike가 그의 삼촌에게서 받은 선물은 장난감 차였다.

❶ My parents were teachers in a small village.
나의 부모님은 한 작은 마을의 선생님이었다.

② Judy and Danny live in a big city.
Judy와 Danny는 큰 도시에 산다.

③ The painter drew a sketch on the wall.
그 화가는 벽에 스케치를 그렸다.

3번 문제의 뼈대 문장은 '무엇이 무엇이다'로, 2형식 문장이에요.

①번의 뼈대 문장은 '무엇이 무엇이다'이고, 2형식 문장이 되어 ①번이 답이 돼요.

②번의 뼈대 문장은 '무엇이 어찌하다'이고, 1형식 문장이에요.

③번의 뼈대 문장은 '무엇이 무엇을 어찌하다'로, 3형식 문장이에요.

❹ Sam and Linda gathered their toys on the floor.
Sam과 Linda는 바닥에 있는 그들의 장난감들을 챙겼다.

① A new and big store opened in our town.
한 크고 새로운 가게가 우리 마을에 개업했다.

❷ The map showed the streets and buildings in the downtown.
그 지도는 시내의 거리와 건물들을 보여줬다.

③ Brian's sister is a US citizen.
Brian의 누나는 미국 시민이다.

4번 문제의 뼈대 문장은 '무엇이 무엇을 어찌하다'로, 3형식 문장이에요.

①번의 뼈대 문장은 '무엇이 어찌하다'로, 1형식 문장이에요.

②번의 뼈대 문장은 '무엇이 무엇을 어찌하다'이고, 3형식 문장으로, ②번이 답이에요.

③번의 뼈대 문장은 '무엇이 무엇이다'로, 2형식 문장이에요.

문장형식 이해에 필요한 개념은 몇 가지나 될까요?

이렇게 공부해요 보충수업이에요. 앞으로 2권에서 배울 내용과도 연관되어 있으니 천천히 소리 내어 읽어보면서 이해합니다.

어른들은 가끔 아이들이 어이없다, 엉뚱하다, 이런 생각이 들 때가 있어요. 아이들이 공부를 할 때, '당연히 알 거라고 생각했는데 어떻게 이걸 모르지?'하는 경우가 종종 있거든요. 하지만 아이들 입장에서 보면, 아이들은 매일매일 생각하는 힘이 자라고 있어요. 전체 그림에서 구멍 난 부분들을 채워가는 중이에요. 어른들만큼 빨리 이해도 안 되고, 하나하나 차근차근 얘기를 해줘야 할 때도 많아요.

영어 문법 공부를 싫어하는 아이들이 제법 있는 이유가, 아마도 많은 문법 교재나 설명들이 좀 불친절해서 그런 것 같아요. 그런 예 중의 하나가 바로 '문장형식'에 관한 내용이에요. 보통 교재 앞 쪽에 '문장형식' 얘기가 불쑥 튀어나오는데, 이 '문장형식'을 제대로 이해하려면 이미 알고 있어야 할 '선행 개념'들이 꽤 있어요. 아래 10가지 개념에 먼저 익숙해지지 않으면, 그냥 '문장 공식 외우기'로 끝나기 쉬워요. 시간이 지나면 바로 까먹고, 또 배워야 하는 상황이 반복돼요.

① 기초 품사 개념 　② 문장의 기초 개념 　③ 뿌리 문장의 개념

④ 수식(꾸며줌)의 개념 　⑤ 형용사의 명사 수식 개념 　⑥ 부사의 동사 수식 개념

⑦ 동작동사와 연결동사의 개념 　⑧ 동작동사의 대상인 목적어 개념

⑨ 주어를 보충 설명해주는 보어 개념 　⑩ 중심어와 수식어 구분 개념

「쌤놀이 개념 영문법 1권」에는 '문장형식'이 마지막에 나와요. '문장형식'을 제대로 이해하기 위해 필요한 '선행 개념'들을 충분히 익힌 후에 '문장형식'을 공부하도록 하기 위해서예요. 그리고 '쌤놀이'를 통해 개념을 스스로 설명해보며 잘 이해했는지 확인을 해봐야 진짜 '내 것'이 돼요.

우리가 문법을 배우는 이유는, 생전 처음 보는 어떤 문장이라도 단어만 알면 무슨 뜻인지 빠르고 정확하게 이해할 수 있고, 또 내 생각을 올바른 영어 문장으로 표현할 수 있기 위해서예요.

1권에서 영어 문장의 기초를 잘 닦았고요, 2권에서는 '문장의 종류에 대한 규칙들'을 익히면서 계속 쌤놀이로 우리들의 문법 실력을 키워갈 거예요. 그동안 정말 수고 많았고요, 2권에서 또 만나요!

부록

목차로 한눈에 정리하는

개념 총복습

∧∧H 놀이
▶ 개념 영문법 ❶ [품사 · 문장성분 · 문장형식 개념]

쌤놀이 준비운동 ❶ 문법이란 게 뭘까요?

문법이란 문장을 이해하고 제대로 만드는 법.

쌤놀이 준비운동 ❷ 문법을 잘하려면 어떻게 해야 할까요?

개념(어떤 것에 대한 일반적인 생각)과 규칙(어떤 일을 할 때 서로 지키기로 한 약속)을 잘 이해하고 활용할 수 있어야 함.

1. 뿌리 문장이요? 문장에도 뿌리가 있나요?

쌤놀이 ❶ 핵심 보기 능력

핵심 보기 능력은 여러 가지를 비교해서 공통된 특징을 찾아내는 것.

쌤놀이 ❷ 세 가지 뿌리 문장

수많은 문장들의 핵심만 딱 뽑아보면 '세 가지' 기본형태(뿌리 문장)가 나옴.

쌤놀이 ❸ 세 가지 뿌리 문장의 예

뿌리 문장 1번은 무엇이 어찌하다, 2번은 무엇이 어떠하다, 3번은 무엇이 무엇이다. '무엇이'-주어(임자말), '어찌하다, 어떠하다, 무엇이다'-서술어(풀이말).

* 원숭이가(주어) 먹는다.(서술어-동작)
* 강아지가(주어) 귀엽다.(서술어-상태/성질.모양)
* Mary는(주어) 학생이다.(서술어-정체)

조금 더 알아봐요! '어찌하다'와 '어떠하다' 구별하기

'어찌하다'는 '움직임'을 나타내는 말, '어떠하다'는 무엇이(누가) 어떤 '상태/성질/모양'인지를 묘사해주는 말.

* 먹는다, 달린다('ㄴ'을 붙였을 때 말이 됨)→어찌하다 * 맛있는다, 빠른다('ㄴ'을 붙였을 때 말이 안 됨)→어떠하다

2. 품사란 게 도대체 뭐예요?

쌤놀이 ❶ 단어와 품사

단어는 문장을 만들 때 쓰이는 '재료'. 단어의 뜻 말고 단어가 문장에서 어떻게 사용되는지 같은 특징의 낱말끼리 정돈한 것이 '품사'.

쌤놀이 ❷ 명사와 동사

품사 중 '명사'는 사람/물건/장소/생각의 '이름'. '동사'는 '움직임(신체적 움직임, 정신적 움직임)'을 나타내는 단어.

*Jack(사람의 이름) / book(물건의 이름) / Seoul(장소의 이름) / peace(생각의 이름)
*eat, go, see(신체적 움직임) / think, like(정신적 움직임)

쌤놀이 ❸ 형용사와 부사

형용사는 어떤 것의 상태, 성질, 모양을 묘사해 주는 말. 부사는 동사 곁에서 움직임이 어떻게 일어나는지 표현, 형용사 곁에서 상태가 얼마 정도인지 표현.

*good(형용사-상태), quick(형용사-성질), big(형용사-모양)
*happily, quickly(부사-동사의 움직임 표현), very, really(부사-형용사의 상태 표현)

조금 더 알아봐요! '품사'를 도대체 왜 알아야 할까요?

영어는 '조사(은/는/이/가)'가 없어서 낱말 순서가 바뀌면 뜻이 통하지 않으므로, 문장의 어떤 자리에 어떤 품사가 와야 하는지가 굉장히 중요.

*바나나를/먹는다/원숭이가(우리말은 말이 됨)
*banana + eat + monkey (바나나가/먹는다/원숭이를→말이 안 됨)

3. 영어 문장은 어떻게 만드는 거예요?

쌤놀이 ❶ 문장 규칙 첫 번째

첫 번째 규칙은, 명사는 단수(한 개)와 복수(두 개 이상)를 꼭 구분해 줘야 한다는 것.

*monkey≠a monkey → 한 마리면 a monkey, 두 마리 이상이면 monkeys

쌤놀이 ❷ 문장 규칙 두 번째

두 번째 규칙은, 주어와 서술어의 수를 반드시 일치시켜야 한다는 것.

*A monkey eats.(단수주어-단수동사)
*Monkeys eat.(복수주어-복수동사)

쌤놀이 ❸ 문장 규칙 세 번째

세 번째 규칙은, 문장의 첫 단어의 첫 글자는 반드시 대문자로 쓰고, 문장 끝에는 반드시 마침표나 물음표, 느낌표를 찍는다는 것.

*A monkey eats. *Monkeys eat.
*Does the monkey eat? *Eat!

조금 더 알아봐요! 더 멋진 영어 문장을 만들기 위한 문법의 다섯 가지 원리

더 풍부한 영어 문장을 만들기 위해 꾸밈(수식), 겹침(중복 활용: 같은 단어가 여러 품사로 쓰임), 넓힘(확장), 바꿈(교체), 이음(연결)의 원리를 적용.

*꾸밈: 작고 귀여운 강아지가 빨리 먹는다.
*겹침: 오늘은 내 생일이다. ('오늘'-명사) / 우리는 그 일을 오늘 끝냈다. ('오늘'-부사)
*넓힘: 그 원숭이의 소원은 가족이 함께 모여 맛있는 바나나를 즐겁게 먹는 것이다.
*바꿈: Sam, Brent, Tony는 친구다.
  → 그들은 친구다.
*이음: 이 강아지는 작다. 이 강아지는 귀엽다.
  → 이 강아지는 작고 귀엽다.

4. '수식한다, 꾸며준다'는 게 정확히 무슨 말이에요?

쌤놀이 ❶ 명사를 수식하는 형용사

더 자세히 말해주는 것을 수식한다(꾸며준다)라고 하는데, 형용사는 명사 앞에서 명사를 수식.

*a monky → a quick monkey

쌤놀이 ❷ 동사를 수식하는 부사

부사란 동사가 어떻게 동작하는지 묘사(수식)해줌.

*eat → eat quickly

쌤놀이 ❸ 수식 문장 만들기

형용사는 명사 앞에서 명사를 수식하고, 부사는 동사 뒤에서 동사를 수식.

*a quick monkey(형용사-명사 앞)
*eat quickly(부사-동사 뒤)

조금 더 알아봐요! happy는 '행복하다'가 아니에요!

영어 형용사(예: happy)는 절대 혼자서 서술어로 쓸 수 없음. 'Be동사'라는 게 필요. (11단원에서 배움)

*Emily는 행복하다.(O→우리말은 형용사가 서술어 역할을 함)
*Emily happy.(X→영어는 형용사가 서술어 X)

5. 명사 복수형은 무조건 뒤에 'S'만 붙이면 되나요?

쌤놀이 ❶ 보통명사와 고유명사

명사는 보통명사(일반적으로 부르는 이름들)와 고유명사(어떤 것을 콕 찍어 특별히 붙여진 이름–첫 글자 대문자)가 있음.

*보통명사: girl, book, city
*고유명사: Alice, London

쌤놀이 ❷ 단수 명사와 관사

셀 수 있는 명사를 쓸 때는 ①명사가 단수인지 복수인지 형태를 구분, ②단수로 쓰일 때는 꼭 'a, an, the' 중 하나를 앞에 붙임.

*a boy *an apple *the cat

쌤놀이 ❸ 명사 복수형 쓰기 규칙

셀 수 없는 명사의 복수형을 쓸 때는 규칙이 다섯 가지: -s, -es, y 없애고 -ies, f/fe를 v로 바꾸고 -es, 완전히 불규칙한 명사.

*book → books
*bus → buses, glass → glasses
*baby → babies, city → cities
*leaf → leaves, wolf → wolves
*mouse → mice, child → children

조금 더 알아봐요! 관사는 명사에게 씌워주는 '왕관'이에요~

단수 명사 제일 앞에 쓰이는 관사 'a, an, the'는 문장 속에서 쓰일 때 '관사+형용사+명사' 순서. 부정관사 'a/an'은 보통명사 단수형 앞에 쓰이고(an은 첫 발음이 모음인 낱말 앞에), 정관사 'the'는 앞에서 이미 나온 명사를 다시 쓸 때.

*a quick monkey(관사+형용사+명사)
*an apple(첫 글자가 모음인 경우 an), an hour(첫 글자가 자음이라도 발음이 모음인 경우 an) *A cat sleeps. The cat sleeps quietly. (앞에 이미 나온 것을 말할 때 the)

6. 동사는 동작만 나타내는 게 아니었어요?

쌤놀이 ❶ 동사의 현재형 쓰기

동사로 시간(현재, 과거)을 표현. 동사의 현재형에서 단수주어–단수동사일 때는 동사 원형에 s, 복수주어–복수동사일 때는 주어에 s가 나타나고 동사 쪽은 원형을 그대로 씀.

*eat → eats, do → does, cry → cries
*A quick monkey(주어에 s가 없음) eats(동사에 s를 붙임) quickly.

쌤놀이 ❷ 동사의 과거형 쓰기

동사의 과거형을 쓸 때는 동사원형에 '-ed'를 붙여주면 되는데, 동사의 철자에 따라 과거형을 쓰는 방법이 달라서 외워둬야 함.

*move → moved
*cry → cried
*stop → stopped

쌤놀이 ❸ 불규칙동사의 과거형 쓰기

과거형이 불규칙한 동사들은 철자가 동사원형과 아예 달라지기 때문에 꼭 따로 외워둬야 함.

*come → came, go → went, run → ran

조금 더 알아봐요! 필수 불규칙동사 과거형 익히기

☞ 〈필수 불규칙동사 과거형 익히기 표〉 외우기. (96쪽)

7. 목적어는 '목적'을 나타내는 건가요?

쌤놀이 ❶ '무엇을'은 '어찌하다'의 대상이다

〈무엇이 어찌하다.〉를 〈무엇이 무엇을 어찌하다.〉라고 만들 수 있는데, 여기서 '무엇을'은 '어찌하다'라는 동작을 받는 '대상'. 이 대상은 주어와 똑같이 '명사'를 씀.

쌤놀이 ❷ 목적어('무엇을')는 동사 뒤에 온다

〈무엇이 무엇을 어찌하다.〉를 쓸 때 '무엇을'은 항상 동사 뒤에 옴. '무엇을'은 목적어.

*A monkey eats a banana.→목적어인 a banana(무엇을)는 동사 뒤에

쌤놀이 ❸ 동사 뒤 낱말의 순서

주어가 먼저 나오고 동사 뒤의 낱말 순서는 〈동사 + 목적어(명사) + 부사〉 순서.

*A hungry monkey eats a banana happily.

조금 더 알아봐요! '명사가 목적어로 쓰인다'는 말, 어렵지 않아요~

'품사'는 '명사/동사/형용사/부사'처럼 같은 특징의 낱말을 묶어서 정돈한 것. '문장성분'은 '주어/서술어/목적어/보어/수식어'처럼 문장을 구성하는 요소. 같은 품사(배우)가 여러 가지 문장성분(역할)을 맡을 수 있음.

*명사(→배우)는 문장(→영화) 안에서 주어 역할(→배역)이나 목적어 역할(→배역)을 할 수 있음.

8. 전치사? 이건 도대체 뭐예요?

쌤놀이 ❶ 장소/방향/때를 표현하는 전치사

'전치사'는 '(명사) 앞에 놓이는 낱말'이라는 뜻. '장소/방향/때'를 표현함. 전치사는 다른 말과 붙어서 말 덩어리를 만드는데 이것을 '전치사구'라고 함.

*on the tree(전치사구)

쌤놀이 ❷ 명사와 동사를 수식하는 전치사구

'전치사구'는 첫째, 형용사처럼 명사를 꾸며주고 둘째, 부사처럼 동사를 꾸며줌.

*a monkey on the tree(명사 monkey를 꾸며줌) *eat on the tree(동사 eat을 꾸며줌)

쌤놀이 ❸ 전치사구가 연속적으로 쓰이는 경우

전치사구 여러 개가 연속적으로 쓰일 수 있음. 동사 뒤에 목적어, 부사, 전치사구가 함께 올 때는 〈동사 + 목적어 + 부사 + 전치사구〉 순서로 써야 함.

*A monkey eats a banana happily under the tree.(동사 + 목적어 + 부사 + 전치사구 순서)

조금 더 알아봐요! 기초 전치사구 익히기

☞ 따로 외워두면 좋은 〈기초 전치사구 익히기 표〉 복습하기. (122쪽)

9. 부사, 전치사, 수식, 이런 말들이 이해가 잘 안 되는데 어떡해요?

쌤놀이 ❶ 학습 어휘에 익숙해지는 비결

학습 어휘를 쉽게 익히려면 첫째, '쌤놀이'처럼 소리 내어 설명해보고 둘째, 귀찮아도 검색해서 찾아보는 습관을 들일 것.

쌤놀이 ❷ 형용사와 부사가 없다면 어떻게 될까?

학습 어휘에 익숙해지는 세 번째 방법은 '형용사, 부사, 전치사' 이런 용어가 세상에서 갑자기 사라져 버린다면 어떻게 될지 상상해보는 것. 이런 말들이 없으면 의사소통이 제대로 안 돼서 무척 혼란스러워질 것.

*어떻게? → quickly, slowly
*언제? → soon, now
*어디에? → outside, inside
*얼마 정도? → very, always

쌤놀이 ❸ 전치사가 없다면 어떻게 될까?

만약 '전치사구'가 없다면 물건을 어디 뒀는지, 약속 시간이 언젠지, 내가 어디로 가는지 같은 말을 전혀 표현할 수가 없음.

*위치 → on the tree, in London
*때 → at 7:00, on Monday
*방향 → to school, along the river

한번 더 기억해요! 전치사의 쓰임 익히기

☞ 〈전치사의 쓰임 익히기〉를 참고하여 다양한 전치사구들의 표현을 익혀둘 것. (134쪽)

10. 영어는 반복을 아주 싫어한다고요?

쌤놀이 ❶ 접속사의 첫 번째 역할

영어는 반복을 피하기 위해 '접속사(and, but, so, or)'와 '대명사'를 사용하여 문장을 간결하게 함.

*A monkey eats. A monkey runs.
 → A monkey eats and runs.

쌤놀이 ❷ 접속사의 두 번째 역할

접속사는 또한 생각을 논리적으로 연결시켜줌. 각각 하나의 생각을 나타내는 두 문장을 접속사로 연결시켜 한 문장으로 만들 수 있음.

*The girl ate quitely. The boy ate loudly.
 → The girl ate quitely, but the boy ate loudly.(차이/반대 표현)

쌤놀이 ❸ 인칭대명사 표

명사를 반복하지 않기 위해 쓰는 말이 '대명사'. 인칭(1인칭, 2인칭, 3인칭 단수/복수형)에 따라 주어로 쓰이는 대명사(인칭 대명사)를 구구단처럼 꼭 외워둘 것. ☞ 〈인칭 대명사 표〉 복습할 것. (140쪽)

*Jane, Kate, Tom, and Mike swim in the pool. Jane, Kate, Tom, and Mike play baseball, too. → Jane, Kate, Tom, and Mike swim in the pool. They play baseball, too. (같은 말 반복 X)

조금 더 알아봐요! 영어와 우리말의 '접속사'는 달라요~

and, but, so 이런 말들은 두 문장을 이어주는 역할을 하므로, 문장을 시작할 때 쓰지 않고 항상 두 단어 사이나 문장의 중간에 위치해야 함.

*Sam studied hard, so he passed the test.
*The girl reads books or plays the piano in the afternoon.

11. 'Be동사'란 게 구원투수라고요?

쌤놀이 ❶ '행복한'은 '행복하다'가 아니에요

뿌리문장 2번(무엇이 어떠하다.)과 뿌리문장 3번(무엇이 무엇이다.)을 만들려면 서술어 '~이다'를 나타낼 수 있는 말이 따로 필요함.

*Mary happy.(→ 완전한 문장 X)
* Mary a teacher.(→ 완전한 문장 X)

쌤놀이 ❷ '~이다'를 표현하는 Be동사

뿌리문장 2번에는 '명사(무엇)'와 '형용사(어떠한)' 사이, 뿌리문장 3번에는 '명사(무엇)'와 '명사(무엇)' 사이에 그 둘을 '이어주기만 하는 동사', 즉 'Be동사'가 필요함.

쌤놀이 ❸ 'Be동사'의 세 가지 뜻

Be동사 뒤에 '명사'가 오면 〈~이다/이었다〉, Be동사 뒤에 '형용사'가 오면 〈~하다/했다〉, Be동사 뒤에 '전치사구'가 오면 〈~(장소)에 있다/있었다〉라는 뜻이 됨.

*Mary is a teacher.(~이다)
*She is happy.(~하다)
*She is in the classroom.(~에 있다)

한번 더 기억해요! 인칭대명사 표와 Be동사 변화표 되새겨보기

☞ 〈인칭대명사 표〉와 〈Be동사 변화표〉 복습할 것. (158쪽)

12. '보어'라는 건 또 뭐예요?

쌤놀이 ❶ 일반동사와 Be동사의 구분

일반동사(동작동사)는 '무엇이 어찌하다.' 문장에서 주어가 일으키는 '움직임'을 나타내고, 일반동사 뒤에 동작을 받는 대상이 추가되면 그것을 목적어라고 함. Be동사(연결동사)는 '무엇이 어떠하다.' '무엇이 무엇이다.' 문장에서 주어와 Be동사 뒤의 말을 연결시켜주고, 이 Be동사 뒤의 말은 주어의 상태나 정체를 '보충설명' 해줌.

*A monkey eats a banana quickly. (→일반동사)
*A boy is happy. A boy is a student.(→Be동사)

쌤놀이 ❷ 목적어와 보어의 구분

주어가 지칭하는 대상과 목적어가 지칭하는 대상은 서로 다름. 보어는 '주어의 상태나 정체'를 나타내는 말이므로 주어와 보어는 대상이 같음.

*A monkey eats a banana.→monkey(주어)≠banana(목적어)
*Tom is happy.→Tom(주어)=happy(보어)
*Tom is a student.→Tom(주어)=student(보어)

쌤놀이 ❸ 목적어와 보어를 구분하는 이유

동사 뒤에 오는 낱말이 항상 '명사'만 쓰인다면 목적어와 보어를 구분할 필요가 없지만, 동사 뒤에 목적어로 (명사가 아닌) 대명사가 쓰일 수도 있고 보어로 (명사가 아닌) 형용사가 쓰일 수도 있어서 구분해 주는 것임.

*Sam eats a cookie.(명사-목적어)
*Sam is a student.(명사-보어)
*Sam eats them.(대명사-목적어)
*Sam is smart.(형용사-보어)

조금 더 알아봐요! **품사 vs. 문장성분**

품사는 배우, 문장성분은 배역. '동사'라는 배우는 '서술어' 배역만 맡음. '명사'는 '주어/목적어/보어' 역할, '형용사'는 '보어/수식어' 역할, '부사'는 '수식어' 역할을 함.

13. 대명사의 '격변화'요? 무슨 과학 실험 같은 거예요?

쌤놀이 ❶ 대명사 격변화표와 목적격 인칭대명사

인칭과 수에 따른 대명사 격변화표를 익혀둬야 함. '목적격 인칭대명사'란 '목적어로 쓰이는 명사'를 대신하는 대명사. ☞ 〈대명사 격변화표〉 외우기. (174쪽)

*Ted likes cakes and cookies. He eats them every day.(them→목적어로 쓰인 'cakes and cookies'를 대신하는 대명사)

쌤놀이 ❷ 소유격 인칭대명사와 소유대명사

소유격 대명사는 혼자 쓰이지 않고 항상 명사 앞에 쓰이며 절대 관사(a/an/the)와 같이 쓰이지 않음. '소유대명사'란 〈소유격+명사〉를 한꺼번에 대신해주는 말.

*Harry has a dog. People like his dog.(his→소유격 대명사)
*Her cookies were good.=Hers were good.(Hers→'Her cookies'를 한꺼번에 대신해주는 소유대명사)

쌤놀이 ❸ 명사의 격변화와 지시대명사

명사는 주어와 목적어로 쓰일 때는 형태가 같지만, '~의/~의 것'처럼 소유격을 표현할 때는 〈's〉를 붙임. 뒤에 명사가 있으면 '~의'로 해석, 명사가 없으면 '~의 것'으로 해석. 지시대명사는 'this(복수형: these)'와 'that(복수형: those)' 2가지.

*Annie's cat→Annie's(Annie의 것)
*his brother's dog→his brother's(그의 형의 것)
*This is a book. Those are pencils.

명사는 문장 안에서 주격, 목적격, 소유격 중 한 가지 역할을 함.
첫째, 명사는 동사 앞쪽(왼쪽)에 있으면 주격이고 뒤쪽에 있으면 목적격. 둘째, 〈명사+명사〉일 때 앞쪽 명사는 소유격으로 바꿔서 쓸 수 있음. 셋째, 전치사 뒤에 오는 명사는 전치사의 목적어. 그래서 전치사 뒤에 명사 대신 대명사가 오게 되면 꼭 대명사의 목적격을 써줘야 함.

*The prince(주격) was kind. The princess liked the prince(목적격).
*The prince's toy(=His toy) was fun.
*The princess played with the prince(=with him) every day.

14. 중심어, 수식어? 이거 물고기 이름이에요?

쌤놀이 ❶ 중심어와 수식어

중심어는 주어, 동사(서술어), 목적어, 보어로 문장의 '뼈대'를 이루고, 수식어는 네 가지 중심어 외의 형용사나 부사, 전치사구 같은 것을 말함.

*A small monkey eats happily.
(중심어→monkey(주어), eats(동사))

쌤놀이 ❷ 중심어와 수식어의 구분

수식어 덩어리는 계속 겹쳐서 쓸 수 있음. 아무리 긴 문장이라도 중심어와 수식어만 잘 구분해서 '뼈대 문장'을 찾아내면 이해하기가 쉬움.

*A quick and loud monkey eats happily on the tree in the jungle at night.
(중심어: monkey, eats)

쌤놀이 ❸ 뼈대 문장 찾기 연습

문장에서 중심어(주어, 동사, 목적어, 보어)만 남기고 다 지우면 뼈대 문장만 남음.

*A small and cute monkey on the tree ate a big and sweet banana quietly yesterday. (중심어: monkey, ate, banana)

조금 더 알아봐요! **중심어 찾기는 바로 '핵심 보기'예요~**

중심어란 '가장 핵심적인 말'. 만약 '주어/목적어/보어'가 길어지면, 그 안을 더 자세히 나눠서 '핵심 주어/핵심 목적어/핵심 보어' 낱말을 찾으면 됨.

*A small and cute monkey on the tree(주어) ate(동사) a big and sweet banana(목적어).
→ 주어 부분에서 중심어는 'monkey', 목적어 부분에서 중심어는 'banana'.

15. 중심어, 수식어는 고정된 게 아니라고요?

쌤놀이 ❶ 중심어와 수식어는 그때그때 결정된다

같은 '명사'라도 중심어인 '목적어'로 쓰일 때가 있고, 수식어인 '전치사구'로 쓰일 수도 있음. 문장 안에서 그때그때 결정됨.

*Timothy sold the house.(목적어→중심어)
*He was happy in the house.(전치사구→수식어)

쌤놀이 ❷ 그때그때 달라지는 예

똑같은 단어가 어떤 문장에서는 중심어인 '보어'로, 다른 문장에서는 중심어인 주어를 수식해주는 '수식어'로 쓰기도 함.

*The woman is pretty.(중심어→보어)
*The pretty(수식어) woman is quiet.
  (중심어→보어)
*The pretty(수식어) woman is a quiet(수식어) nurse.

쌤놀이 ❸ 품사와 뜻이 바뀌는 낱말의 예

영어에서는 같은 낱말의 품사와 뜻이 변할 수가 있음. (겹치기 역할)

*My hands are clean.(깨끗한→형용사)
*Sam cleaned his room.(청소하다→동사)

한번 더 기억해요! 중심어와 수식어 개념 익히기

긴 문장에서 중심어와 수식어를 골라내는 연습을 많이 해볼 것.
(206쪽 참고)

16. 문장에도 설계도가 있다고요?

쌤놀이 ❶ 뿌리 문장들의 설계도

뿌리 문장 1번 '무엇이 어찌하다.'는 〈주어+동사〉로 1형식 문장 설계도. '무엇이 어떠하다.'와 '무엇이 무엇이다.'는 〈주어+동사+보어〉 순서로 2형식 문장. 또 1형식 문장에 목적어가 더 붙는 '무엇이 무엇을 어찌하다.'는 〈주어+동사+목적어〉 순서로 3형식 문장. 4형식과 5형식은 2권에서 배움.

쌤놀이 ❷ 문장성분 기호 익히기

주어는 S(subject), 동사는 V(verb), 목적어는 O(object), 보어는 C(complement).

*1형식: S+V *2형식: S+V+C
*3형식: S+V+O

쌤놀이 ❸ 1형식, 2형식, 3형식 문장

> 문장형식을 재빨리 파악할 수 있으면 문장을 빠르고 정확하게 이해할 수 있음.

*A man runs along the river.(1형식)
*The man is happy.(2형식) / He is a doctor. (2형식)
*The thirsty <u>man</u> / <u>drinks</u> / <u>water</u> in the park. (3형식)

조금 더 알아봐요! **문장형식 이해에 필요한 개념은 몇 가지나 될까요?**

> '문장형식' 개념을 이해하기 위해서는 다음 10가지 개념을 먼저 알고 있어야 함.
> ① 기초품사 개념(명사, 동사, 형용사, 부사)
> ② 문장의 기초 개념(주어, 서술어)
> ③ 뿌리 문장의 개념(무엇이 어찌하다. / 무엇이 어떠하다. / 무엇이 무엇이다.)
> ④ 수식의 개념(문장 넓힘)
> ⑤ 형용사의 명사 수식 개념
> ⑥ 부사의 동사 수식 개념
> ⑦ 동작동사와 연결동사의 개념(일반동사와 Be동사)
> ⑧ 목적어 개념(동작동사의 대상)
> ⑨ 보어 개념(주어 보충 설명, Be동사 필요)
> ⑩ 중심어와 수식어 구분 개념.

초등영어 문장만들기가 먼저다

박광희 · 캐나다 교사 영낭훈 연구팀 지음 | 총 7권 | 각 권 9,800원

초등영어, 문장 만들기에 집착하세요!
직접 만들어 본 문장은 쉽게 잊히지 않습니다.

문장 만들기가 되는 아이
- 말하고 글쓰기에 거침이 없습니다.
- 자유자재로 응용이 가능해 영어가 무한대로 확장됩니다.
- 본격 문법 공부할 때 이해가 빠릅니다.

문장 만들기가 안 되는 아이
- 말하기, 글쓰기가 안 되니 영어에 자신감이 없습니다.
- 기본 문장 만들기가 안 되니 문장 확장이 안 됩니다.
- 문법 공부가 어렵고 지루합니다.

영어단어 그림사전

케빈 강 지음 | 254쪽 | 16,000원

눈에 보이는 모든 것들의 영어 이름

🏷 생활 속 사물들의 영어 이름을 체계적으로 정리한 2,115단어
🏷 같은 사물의 미국식 표현과 영국식 표현도 익혀보는 재미!
🏷 모든 단어에 발음기호 표기, 미국식 영국식 발음 녹음!
🏷 〈47개 발음기호 읽는 법〉 특강 수록